MANUEL RÉGLEMENTAIRE

A L'USAGE

DE MM. LES OFFICIERS-ÉLÈVES

DE

L'ÉCOLE D'APPLICATION D'ÉTAT-MAJOR

SUIVI DE

L'ÉTAT NOMINATIF par rang de sortie de l'École,
DES ÉLÈVES PASSÉS DANS LE CORPS D'ÉTAT-MAJOR,
depuis le 1er janvier 1820 jusqu'à ce jour.

TROISIÈME ÉDITION

PARIS

LIBRAIRIE MILITAIRE DE J. DUMAINE

LIBRAIRE-ÉDITEUR

Rue et passage Dauphine, 30.

1873

MANUEL

RÉGLEMENTAIRE

Impr. de J. DUMAINE, rue Christine, 2.

MANUEL RÉGLEMENTAIRE

A L'USAGE

DE MM. LES OFFICIERS — ÉLÈVES

DE

L'ÉCOLE D'APPLICATION D'ÉTAT-MAJOR

SUIVI DE

L'ÉTAT NOMINATIF par rang de sortie de l'École,
DES ÉLÈVES PASSÉS DANS LE CORPS D'ÉTAT-MAJOR,
depuis le 1er janvier 1820 jusqu'à ce jour.

TROISIÈME ÉDITION

PARIS

LIBRAIRIE MILITAIRE DE J. DUMAINE

LIBRAIRE — ÉDITEUR

Rue et passage Dauphine, 30.

1873

INDEX.

AVERTISSEMENT.

En réunissant dans ce petit volume, avec les lois sur l'avancement et sur l'état des officiers, les dispositions réglementaires relatives à l'École d'état-major, nous avons pensé que nous ferions une chose utile, non-seulement aux élèves de cette école, mais encore aux jeunes gens qui ont l'intention d'y arriver.

En effet, reproduire l'ordonnance constitutive de cet établissement, ainsi que les règlements qui le régissent, c'est indiquer les devoirs et les obligations imposés à ceux qui veulent être admis dans le corps d'état-major ; et, mettre en même temps sous leurs yeux les lois du 14 avril 1832 et du 19 mai 1834, c'est leur rendre toujours présents les droits qui leur sont acquis dans l'avenir. C'est donc à la fois montrer la carrière à parcourir et le but à atteindre.

Ces considérations ne sont pas les seules qui nous aient déterminé dans le choix des documents qu'on va lire. Afin de mieux faire apprécier une institution qui intéresse réellement le pays, nour donnons quelques détails succincts sur sa création, nous signalons ses succès, en montrant le grand nombre d'officiers instruits qu'elle a déjà fournis à l'armée, et nous offrons enfin, sous le titre d'*Introduction*, une notice extraite du registre des *Souvenirs historiques* de l'École d'état-major, registre établi en vertu d'un ordre du général commandant, en date du 23 février 1836.

Cette notice a pour objet de faire connaître la haute pensée qui a présidé à la création de l'école d'application, de payer à l'illustre maréchal qui l'a fondée un juste tribut de reconnaissance, et de rappeler les premiers moments d'une institution naissante, aujourd'hui parfaitement assise.

Nous le complétons en l'accompagnant de divers documents dont la connaissance est indispensable aux élèves, ou qu'ils consulteront avec intérêt, savoir :

1° L'ordonnance du 6 mai 1818, portant création et organisation du corps royal d'état-major et de son école d'application;

2° L'ordonnance du 23 février 1833, suivie des décrets du 12 avril 1852 et du 24 avril 1858, portant modification de quelques articles de cette ordonnance;

3° Les règles de l'admission à l'école d'état-major résultant des décrets des 7 avril 1853 et 24 avril 1858, de la décision ministérielle du 2 mars 1855, qui contient le programme des connaissances exigées des officiers de l'armée admis au concours, du décret du 8 juin 1861, portant réorganisation de l'École spéciale militaire, et modifiant le système de concours à l'École d'état-major, suivi des décisions ministér. des 20 et 21 juill. 1861; (note du 22 juill. 1861).

4º Le nouveau règlement de l'École arrêté par le Ministre à la date du 20 janvier 1870.

5º La note des effets d'habillement, et celle des livres et des instruments de travail nécessaires à tout officier admis à l'École d'application;

6º Les programmes sommaires des différentes parties de l'enseignement à l'École;

7º Le tableau des coëfficients approuvés par le Ministre, pour le classement des élèves, en fin d'année;

8º La loi du 14 avril 1832, sur l'avancement dans l'armée;

9º La loi du 19 mai 1834, sur l'état des officiers;

10º La liste chronologique des généraux, des officiers et des professeurs qui ont été employés à l'École d'application depuis sa formation;

11º Un état nominatif, *par rang de sortie de l'Ecole*, de tous les élèves passés dans le corps d'état-major, depuis l'époque du 1er janvier 1820 jusqu'au 1er janvier 1873;

12º Une notice analytique des décrets, ordonnances, instructions, décisions, insérés au *Journal militaire*, et concernant le corps d'état-major jusqu'à ce jour;

13º Un tableau synoptique des prestations en argent et en nature allouées aux officiers d'état-major.

MANUEL

RÉGLEMENTAIRE

DES ÉLÈVES DE L'ÉCOLE D'APPLICATION DU CORPS D'ÉTAT-MAJOR

INTRODUCTION.

Durant les guerres mémorables de la Révolution et de l'Empire, il n'existait en France, sous la dénomination d'État-Major, qu'une institution imparfaite, sans base, sans principes fixes, et dès lors soumise à la plus fâcheuse instabilité. On y voyait des officiers pourvus de grades sans contact, tels que des adjudants commandants et des capitaines adjoints : et comme parfois l'insuffisance de sujets et le défaut de hiérarchie entre eux auraient pu compromettre le service, on était forcé d'y suppléer, en appelant à la suite des officiers d'autres grades et de toutes armes. Ainsi, sous le rapport de sa composition, aucune instruction spéciale n'était exigée des officiers appelés à faire partie de l'état-major. La facilité d'y être admis, le nombre variable ou indéter-

enfin, sous le titre d'*Introduction*, une notice extraite du registre des *Souvenirs historiques* de l'Ecole d'état-major, registre établi en vertu d'un ordre du général commandant, en date du 23 février 1836.

Cette notice a pour objet de faire connaître la haute pensée qui a présidé à la création de l'école d'application, de payer à l'illustre maréchal qui l'a fondée un juste tribut de reconnaissance, et de rappeler les premiers moments d'une institution naissante, aujourd'hui parfaitement assise.

Nous le complétons en l'accompagnant de divers documents dont la connaissance est indispensable aux élèves, ou qu'ils consulteront avec intérêt, savoir :

1° L'ordonnance du 6 mai 1818, portant création et organisation du corps royal d'état-major et de son école d'application;

2° L'ordonnance du 23 février 1833, suivie des décrets du 12 avril 1852 et du 24 avril 1858, portant modification de quelques articles de cette ordonnance;

3° Les règles de l'admission à l'école d'état-major résultant des décrets des 7 avril 1853 et 24 avril 1858, de la décision ministérielle du 2 mars 1855, qui contient le programme des connaissances exigées des officiers de l'armée admis au concours, du décret du 8 juin 1861, portant réorganisation de l'École spéciale militaire, et modifiant le système de concours à l'École d'état-major, suivi des décisions ministér. des 20 et 21 juill. 1861; (note du 22 juill. 1861).

4° Le nouveau règlement de l'École arrêté par le Ministre à la date du 20 janvier 1870.

5° La note des effets d'habillement, et celle des livres et des instruments de travail nécessaires à tout officier admis à l'Ecole d'application ;

6° Les programmes sommaires des différentes parties de l'enseignement à l'Ecole ;

7° Le tableau des coëfficients approuvés par le Ministre, pour le classement des élèves, en fin d'année ;

8° La loi du 14 avril 1832, sur l'avancement dans l'armée ;

9° La loi du 19 mai 1834, sur l'état des officiers ;

10° La liste chronologique des généraux, des officiers et des professeurs qui ont été employés à l'Ecole d'application depuis sa formation ;

11° Un état nominatif, *par rang de sortie de l'Ecole*, de tous les élèves passés dans le corps d'état-major, depuis l'époque du 1ᵉʳ janvier 1820 jusqu'au 1ᵉʳ janvier 1873 ;

12° Une notice analytique des décrets, ordonnances, instructions, décisions, insérés au *Journal militaire*, et concernant le corps d'état-major jusqu'à ce jour ;

13° Un tableau synoptique des prestations en argent et en nature allouées aux officiers d'état-major.

MANUEL

RÉGLEMENTAIRE

A L'USAGE

DES ÉLÈVES DE L'ÉCOLE D'APPLICATION DU CORPS D'ÉTAT-MAJOR

—

INTRODUCTION.

Durant les guerres mémorables de la Révolution et de l'Empire, il n'existait en France, sous la dénomination d'Etat-Major, qu'une institution imparfaite, sans base, sans principes fixes, et dès lors soumise à la plus fâcheuse instabilité. On y voyait des officiers pourvus de grades sans contact, tels que des adjudants commandants et des capitaines adjoints : et comme parfois l'insuffisance de sujets et le défaut de hiérarchie entre eux auraient pu compromettre le service, on était forcé d'y suppléer, en appelant à la suite des officiers d'autres grades et de toutes armes. Ainsi, sous le rapport de sa composition, aucune instruction spéciale n'était exigée des officiers appelés à faire partie de l'état-major. La facilité d'y être admis, le nombre variable ou indéterminé des officiers qui en faisaient partie, l'absence de connaissances spéciales, le défaut d'attributions réglementaires précises; tout, à la longue, devait écarter du service de l'état-major l'officier instruit qui voyait plus de chances favorables en restant dans les rangs de corps de troupes toujours en action, ou en faisant un heureux apprentissage auprès de généraux habiles qui les employaient comme aides de camp. Que devait-il arriver de cet état de choses? Une déconsidération peut-être trop exclusive ou même injuste; mais, en définitive, une prévention bien réelle contre une classe d'officiers qui semblait n'avoir plus d'avenir, privée comme elle l'était de tout appui dans l'opinion.

Telle était à peu près la situation morale de ce que l'on appelait l'état-major, lorsque de funestes revers laissèrent la France, en 1815, aux mains des puissances coalisées de l'Europe. La France n'avait, pour ainsi dire, plus d'armée, et cependant il lui en fallait une pour assurer sa tranquillité et rétablir son indépendance dans la balance politique. Ce fut l'œuvre admirable qu'entreprit le maréchal Gouvion Saint-Cyr, ministre de la guerre, et ce fut en présence des baïonnettes étrangères encore rassemblées sur nos frontières, qu'il présenta à la législature sa loi fondamentale du 6 mai 1818. Notre armée fut donc reconstituée sur de nouvelles bases, et, dans sa préoccupation toute patriotique, cet illustre capitaine s'empressa de la doter d'un corps d'état-major, tel que son expérience éclairée l'avait conçu et mûri. Il avait compris depuis longtemps que l'estime, la considération, le respect que doivent commander les officiers d'état-major dans toutes les exigences de leur service étaient des avantages qui ne pouvaient résulter pour eux que d'une prépondérance bien établie; que cette prépondérance, ils devaient la conquérir par une instruction solide et variée, comme leurs attributions le sont elles-mêmes; qu'enfin la meilleure garantie de cette instruction serait dans la création d'une école où l'on enseignerait tout ce qu'il importe à l'officier d'état-major de bien connaître, et qui aurait seule le privilége de recruter l'état-major de l'armée.

C'est donc pour obéir à une conviction que partageaient d'ailleurs nos généraux les plus distingués, que le maréchal Gouvion Saint-Cyr rédigea et fit approuver l'ordonnance du 6 mai 1818, portant formation du corps royal d'état-major, et de son école d'application.

Cette création devait avoir et a obtenu les plus heureux résultats. On s'enorgueillit aujourd'hui, et à juste titre, d'appartenir au corps d'état-major, et, chose digne de remarque, il n'est aucune puissance qui ne cherche à imiter une aussi belle institution. Nous donnons ci-après le texte de l'ordonnance qui l'a fondée.

En exécution de l'art. 35 du titre 5 de cette ordonnance, M. le maréchal de camp Desprez fut nommé le 2 juillet 1818 au commandement de l'École d'État-major. Aucun officier général n'était plus propre à seconder les intentions du fondateur. Sorti de l'Ecole polytechnique au premier rang des élèves de sa promotion, le général Desprez avait servi avec une grande distinction, d'abord comme officier du génie, et ensuite comme aide de camp. Les sciences exactes avaient toujours été son étude de prédilection; mais, doué d'une extrême facilité de conception et de la mémoire la plus heureuse, il n'avait négligé aucune occasion d'augmenter en même temps ses connaissances historiques et littéraires. L'instruction forte et variée qu'il possédait lui permit donc de tracer avec sûreté la route qu'avaient à suivre les élèves de l'École d'état-major; *l'état nominatif* qui termine ce Recueil démontre les nombreux et brillants succès où cette route les a déjà conduits.

L'École doit des témoignages tout particuliers de reconnaissance au général Desprez, pour les services éminents qu'il lui a rendus.

Son premier soin, lorsqu'il fut appelé au commandement d'une École qui venait d'être fondée, mais qui n'avait point encore d'existence réelle, fut de provoquer la réunion, sous sa présidence, d'une commission chargée de rédiger et coordonner un projet de règlement général, lequel devait embrasser dans ses dispositions étendues, les détails de l'administration intérieure, le service, la police et la discipline de l'École.

Ce règlement provisoire, soumis au maréchal Gouvion Saint-Cyr, et approuvé par lui le 7 janv. 1819, fut modifié et rendu définitif le 14 du même mois de l'année suivante par M. le marquis de Latour-Maubourg, alors Ministre de la guerre.

Il fut, depuis, modifié à différentes époques; un second règlement porte la date du 24 novembre 1828, un troisième celle du 7 mai 1836; un quatrième celle du 8 mars 1844; un cinquième celle du 15 avril 1855. Nous donnons ici le nouveau règlemeut adopté par M. le Ministre à la date du 20 janvier 1870.

ORDONNANCE DU ROI

*Portant formation d'un Corps royal d'État-major,
et d'une École d'application pour le service de
l'État-Major général de l'Armée.*

Paris, le 6 mai 1818.

LOUIS, par la grâce de Dieu, ROI DE FRANCE ET
DE NAVARRE ;

Ayant reconnu qu'il importe essentiellement au bien
de notre service d'assurer la bonne composition et l'instruction spéciale des officiers destinés à remplir les
fonctions de chef d'état-major, aides-majors généraux,
officiers dits d'état-major et aides-de-camp ;

Voulant aussi concilier l'organisation de cette partie
importante de notre armée avec l'économie bien entendue qui doit présider à toutes les institutions réclamées
par l'intérêt de l'État ;

Nous avons ordonné et nous ordonnons ce qui suit :

TITRE Ier. — DISPOSITIONS GÉNÉRALES.

ART. 1er. Les officiers d'état-major, soit qu'ils se
trouvent employés aux états-majors des armées, gouvernements ou divisions militaires, soit qu'ils remplissent des fonctions d'aides de camp près des officiers
généraux, formeront un seul corps, sous la dénomination
de *Corps royal d'État-Major.*

2. A l'avenir, le nombre des officiers d'état-major
aides de camp ne sera point proportionné à celui des
généraux, mais analogue aux besoins ordinaires et
éventuels du service de paix et de guerre.

3. Le nombre et les grades des officiers d'état-major seront déterminés ainsi qu'il suit :

30 Colonels,
30 Lieutenants-colonels.
90 Chefs de bataillon,
270 Capitaines,
125 Lieutenants.

formant un total de 545 officiers pour le service des états-majors, sur le pied de paix.

Ce nombre pourra se porter, suivant que les circonstances l'exigeraient, au complet de guerre de six cent quarante officiers, par l'appel à l'état-major de l'armée des lieutenants aides-majors dont il sera question ci-après.

4. Pour subvenir aux besoins du service et au maintien du complet de paix ou de guerre déterminé ci-dessus, il sera établi une école d'application pour les officiers destinés au service d'état-major, et dont l'organisation sera fixée au titre V de la présente ordonnance.

5. Après la première formation, et hors les cas qui seront spécifiés au titre des *Dispositions transitoires*, les officiers du corps royal d'état-major devront avoir suivi les études et exercices de nos écoles royales militaires d'application, et joindre aux connaissances élémentaires qui y sont enseignées les autres parties d'instruction militaire nécessaires pour le service d'état-major : à cet effet, en sortant desdites écoles, ils passeront, en qualité d'aides-majors, dans les corps de cavalerie et d'infanterie, ainsi qu'il sera déterminé ci-après.

TITRE II. — AIDES-MAJORS.

6. Les élèves du corps royal d'état-major, après deux ans d'exercice comme sous-lieutenants à l'école d'application, et ayant satisfait aux examens déterminés,

seront envoyés avec le même grade, en qualité d'aides-majors, dans les régiments de cavalerie.

7. Après deux années d'emploi comme aides-majors de cavalerie, et ayant alors quatre ans de grade de sous-lieutenant , ces mêmes officiers seront nommés lieutenants et envoyés comme aides-majors dans les corps d'infanterie.

8. Les officiers placés, ainsi qu'il est dit aux articles précédents, comme aides-majors de cavalerie et d'infanterie, seront en dehors des cadres, et ne concourront point à l'avancement de ces corps ; ils y seront employés, sous les ordres des colonels ou chefs d'escadron et de bataillon, dans les détails du service attribués aux adjudants-majors, et ainsi qu'il pourra être ordonné par le commandant du corps.

9. Nos inspecteurs généraux d'infanterie et de cavalerie feront subir aux aides-majors, dans le cours de leurs inspections, des examens de théorie et d'application de la théorie aux manœuvres, et rendront compte de leur instruction à notre ministre de la guerre.

10. Il ne sera point accordé de congé de semestre aux aides-majors avant l'expiration des quatre années de service et d'instruction obligée en cette qualité dans les corps de cavalerie et d'infanterie.

11. Le nombre des lieutenants aides-majors sera de cent. Ces officiers, après deux ans d'exercice de leurs fonctions dans les corps d'infanterie, seront disponibles pour les emplois vacants dans l'état-major : ils continueront, en attendant, leur service dans les corps; mais ils prendront rang, pour l'avancement, avec les lieutenants d'état-major.

Les plus anciens seront envoyés comme aides-majors dans les corps de troupes du génie et de l'artillerie, pour y compléter leur instruction relative à ces armes.

12. Le nombre des sous-lieutenants élèves et aides-majors de cavalerie sera toujours réglé de manière à pourvoir aux remplacements devenus nécessaires par

le passage des aides-majors d'infanterie à l'état-major de l'armée, suivant les besoins de paix et de guerre.

TITRE III. — OFFICIERS D'ÉTAT-MAJOR.

13. Les lieutenants d'état-major seront pris parmi les officiers qui, ayant accompli deux années d'emploi comme aides-majors dans un corps d'infanterie, se trouveront disponibles, selon ce qui est déterminé par l'art. 11.

14. L'avancement des officiers d'état-major sera déterminé par notre ordonnance générale sur l'avancement dans l'armée.

15. Les colonels d'état-major seront chargés des détails du service, comme chefs d'états-majors divisionnaires, ou sous-chefs d'états-majors généraux.

Ils pourront être employés dans les fonctions de premiers aides de camp des maréchaux de France et des généraux commandant en chef des corps d'armée.

Ils seront suppléés, suivant les besoins du service, par les lieutenants-colonels et officiers supérieurs.

16. Notre ministre de la guerre assigne aux officiers d'état-major la destination que le bien du service exige, soit aux armées, soit dans les gouvernements ou commandements des divisions militaires.

17. L'état-major de chaque division militaire, en temps de paix, pourra se composer d'un colonel ou lieutenant-colonel chef d'état-major divisionnaire, d'un chef de bataillon, de deux capitaines et de deux lieutenants.

En temps de guerre, notre ministre de la guerre retirera des divisions militaires les officiers d'état-major qui seraient nécessaires aux armées.

18. Lorsque, par suite de cessation de l'état de guerre, ou toute autre cause, l'officier d'état-major se trouvera hors d'activité actuelle, soit aux états-majors d'armée, soit comme aide de camp, il est à la disposition du ministre de la guerre, sans cesser de faire partie de l'état-major du général et d'y conserver son avancement.

19. Notre ministre de la guerre affecte spécialement au dépôt de ce département le nombre d'officiers d'état-major disponibles qu'il juge convenable pour le bien de notre service.

20. A défaut d'officiers d'état-major, et lorsque les circonstances extraordinaires l'exigeront, les généraux d'armée ou commandants en chef de nos forces militaires, hors du royaume, pourront employer dans le service d'officiers d'état-major, ou d'aides de camp, des officiers de troupe sous leurs ordres. Ces officiers ne pourront, en aucun cas, être considérés comme faisant partie du corps royal d'état-major : ils continueront à compter et à avoir leur avancement dans leurs corps ; ils n'y seront point remplacés, et devront y rentrer aussitôt que l'arrivée des officiers d'état-major aura pourvu au besoin du service.

Il sera rendu compte à notre ministre de la guerre de l'emploi provisoire des officiers de troupe à l'état-major, et de leur rentrée à leurs corps.

21. Les emplois de chefs d'état-major généraux et d'aides-majors généraux, dans nos armées ou dans l'intérieur du royaume, seront conférés à des officiers généraux du corps royal d'état-major.

En conséquence, et pour assurer cette partie du service, le nombre des officiers généraux du corps royal d'état-major qui y seront affectés sera de seize maréchaux de camp et huit lieutenants généraux : hors de ce service, et en temps de paix, ils seront à la disposition de notre ministre de la guerre, pour être employés suivant les besoins du service.

TITRE IV.—AIDES DE CAMP.

22. Les aides de camp lieutenants seront pris parmi

s officiers d'état-major disponibles, et, à leur défaut,
armi les aides-majors d'infanterie, conformément à ce
ui est déterminé à l'art. 11.

Les aides de camp capitaines, ou officiers supérieurs,
ront pris parmi les officiers d'état-major disponibles et
a grade analogue à l'emploi vacant.

Ces officiers recevront des lettres de service de notre
inistre de la guerre, sur la demande des maréchaux
e France et des officiers généraux, et d'après nos or-
es, pour les colonels.

23. Les officiers généraux, lorsqu'ils rempliront des
nctions particulières, autres que celles de leur grade
ans l'armée, n'auront point d'aide de camp, si ce n'est
après nos ordres spéciaux, et lorsque le besoin du ser-
ce l'exigera.

24. Les aides de camp des officiers généraux qui ces-
nt d'être employés en activité de service rentrent à la
sposition de notre ministre de la guerre.

25. Le nombre d'aides de camp attribués aux maré-
aux de France et aux généraux employés sur le pied
e guerre et en service actif aux armées sera,

Pour les maréchaux de France, de six officiers,
voir :

> Un colonel ou lieutenant-colonel,
> Un chef de bataillon,
> Deux capitaines,
> Et deux lieutenants ;

Pour les lieutenants généraux, de trois officiers ; savoir :

> Un chef de bataillon,
> Un capitaine,
> Et un lieutenant ;

Pour les maréchaux de camp, de deux officiers ; sa-
oir :

> Un capitaine,
> Et un lieutenant.

26. Sur le pied de paix, le nombre des aides de camp sera,

Pour les maréchaux de France, de quatre officiers; savoir:

Un colonel ou lieutenant-colonel,
Un chef de bataillon,
Et deux capitaines;

Pour les lieutenants généraux, de deux officiers; savoir:

Un capitaine,
Et un lieutenant;

Pour les maréchaux de camp:

Un capitaine.

27. Les maréchaux de France qui n'auront pas de commandement, soit en temps de guerre, soit en temps de paix, pourront conserver deux aides de camp, l'un du grade de chef de bataillon, l'autre du grade de capitaine.

28. Les officiers généraux d'artillerie et du génie prendront leurs aides de camp dans leur arme. Ces officiers continueront à y compter, et y conserveront leur avancement, sans pouvoir participer à celui du corps royal d'état-major.

29. Dans le cas de guerre, à défaut d'officiers d'état-major disponibles, notre ministre de la guerre pourra autoriser, lorsqu'il sera nécessaire, pour suppléer au service d'aides de camp près des officiers généraux inspecteurs d'infanterie, de cavalerie ou de gendarmerie, pendant le cours de leur mission ou inspection, l'emploi d'officiers pris dans ces armes, et qui rentreront immédiatement après à leur poste.

30. Le nombre des officiers employés comme aides de camp près les princes de notre famille est fixé par nos ordonnances spéciales.

Ces officiers peuvent être pris dans toute l'armée, sans

cesser de compter et de prendre leur avancement dans l'arme à laquelle ils appartiennent.

TITRE V.— ÉCOLE D'APPLICATION D'ÉTAT-MAJOR.

31. L'école d'application, pour le service de l'état-major général de l'armée, sera établie près le dépôt de la guerre à Paris.

32. Les élèves de cette école seront choisis parmi ceux de l'école spéciale militaire qui auront satisfait à l'examen de sortie de cette école et reçu le brevet de sous-lieutenant : ils devront remplir, en outre, les conditions exigées pour l'admission à l'école d'application, d'après le programme qui sera déterminé à cet effet et rendu public. Le nombre des admissions sera déterminé chaque année, d'après les besoins du service.

33. Les élèves de l'école d'application de l'état-major seront assimilés, pour la solde, le régime intérieur et la discipline, aux élèves de l'école d'application du génie et de l'artillerie, établie à Metz.

34. Les élèves sous-lieutenants de l'état-major de l'armée resteront deux ans à l'école d'application, et ils seront répartis en deux divisions.

35. L'école d'application sera commandée par un maréchal de camp d'état-major. Cet officier général aura sous ses ordres un lieutenant-colonel et un chef de bataillon, tant pour la police et la discipline des élèves, que pour leur instruction sur les exercices et manœuvres d'infanterie et de cavalerie.

36. Il sera établi à l'école d'application d'état-major des cours sur les connaissances ci-après déterminées, savoir :

1° La géographie et la statistique, la topographie, le dessin, le levé de la carte et les reconnaissances militaires ;

2° Les éléments d'artillerie ;

3° La fortification passagère, l'attaque et la défense des places ;

4° L'art, l'histoire et l'administration militaires.

Ces cours seront faits par des officiers d'état-major d'artillerie, du génie et des géographes, et par un sous-intendant militaire, détachés de leurs corps respectifs à cet effet.

37. Notre ministre secrétaire d'Etat de la guerre arrêtera le programme d'admission, ainsi que ceux des cours et exercices de l'école d'application de l'état-major. Il fera également un règlement sur l'ordre et la série des travaux et sur tous les détails de l'administration de l'école, du service, de la police et de la discipline des élèves.

38. Chaque année, les élèves de l'école d'application de l'état-major de l'armée seront employés, pendant trois mois, avec ceux du corps des ingénieurs-géographes, et sous la direction des professeurs de ce dernier corps, à des levées de terrains et à des reconnaissances militaires.

39. Les élèves subiront un examen, à la fin de leur première année d'études, pour entrer dans la deuxième division, et en subiront un second sur toutes les parties de l'instruction enseignées à l'école, après avoir complété le cours de la deuxième division. Ceux de ces élèves qui auront satisfait à ce dernier examen seront envoyés comme aides-majors dans les corps de l'armée, pour y compléter leur instruction.

40. Les élèves qui n'auront pas satisfait à cet examen ne pourront faire partie des officiers de l'état-major : mais ils seront placés en qualité de sous-lieutenants dans les corps d'infanterie ou de cavalerie ; et les deux années qu'ils auront passées à l'école leur seront comptées pour parvenir au grade de lieutenant.

TITRE VI. — DISPOSITIONS TRANSITOIRES.

41. Notre ministre de la guerre nous soumettra le tableau de première organisation du corps royal d'état-major.

Pourront y être placés :

1° Les officiers de l'état-major actuel et aides de camp, jusqu'au grade de capitaine inclus ;

2° Les officiers de toutes armes en activité ou disponibles, qui seront reconnus réunir les connaissances et l'aptitude nécessaires.

Les officiers du grade de lieutenant, pour être admis au tableau de première formation, devront satisfaire à un examen, dont le programme sera déterminé par notre ministre de la guerre : néanmoins, les officiers de ce grade faisant partie de l'état-major actuel comme aides de camp pourront continuer leur service jusqu'à l'époque qui sera fixée pour lesdits examens.

42. Pour pourvoir aux besoins du service et vacances d'emploi, jusqu'à ce que les officiers sortis de l'école d'application puissent y subvenir, les lieutenants et sous-lieutenants de toutes armes, qui auront une première connaissance des éléments de géométrie, du dessin et de la fortification de campagne, et qui désireraient être admis au corps royal d'état-major, pourront en faire la demande aux inspecteurs généraux d'armes, qui la transmettront à notre ministre de la guerre, avec des notes particulières sur ces officiers.

43. Après la clôture des revues d'inspection générale, notre ministre de la guerre ordonnera la formation des conseils d'examen sur les divers points qu'il sera jugé convenable, et il enverra aux candidats l'autorisation nécessaire pour s'y présenter.

44. Les lieutenants qui auront satisfait aux examens et seront jugés réunir les connaissances suffisantes pour être admis à l'état-major seront placés comme aides-majors d'infanterie, pour être appelés au service d'état-major, à mesure des vacances d'emploi.

45. Les sous-lieutenants ayant satisfait aux examens d'admission seront placés comme aides-majors dans les corps de cavalerie pour passer ensuite aides-majors d'infanterie, conformément, à l'art. 7 de notre ordonnance.

46. Conformément à ce qui est déterminé par l'article 21 de notre présente ordonnance, et pour la première formation, les officiers généraux d'état-major seront choisis, de préférence, parmi les officiers généraux sortis de l'ancien état-major, qui ont exercé les fonctions de chefs d'état-major des divisions ou corps d'armée, et parmi ceux qui, étant sortis des corps royaux d'artillerie et du génie, auraient été employés au commandement des troupes aux armées.

Le tableau nous en sera soumis par notre ministre de la guerre.

47. Notre ministre secrétaire d'État au département de la guerre est chargé de l'exécution de la présente ordonnance, qui sera insérée au Bulletin des lois.

Donné à Paris, en notre château des Tuileries, le 6 mai de l'an de grâce 1818, et de notre règne le vingt-troisième.

Signé LOUIS.

Par le Roi :

Le Ministre Secrétaire d'État au département de la guerre.

Signé Maréchal GOUVION SAINT-CYR.

ORDONNANCE DU ROI

SUR L'ORGANISATION DU CORPS ROYAL D'ÉTAT-MAJOR.

A Paris, le 23 février 1833.

LOUIS-PHILIPPE, roi des Français, à tous présents et à venir, salut :

Vu les ordonnances des 6 mai 1818, 10 décembre 1826 et 22 février 1831, concernant le corps royal d'état-major ;

Voulant améliorer l'organisation de ce corps et coordonner les dispositions desdites ordonnances avec celles de la loi du 14 avril 1832 sur l'avancement ;

Sur le rapport de notre Ministre secrétaire d'État de la guerre, président du conseil,

Nous avons ordonné et ordonnons ce qui suit :

TITRE 1er. — COMPOSITION DU CORPS ROYAL D'ÉTAT-MAJOR.

ART. 1er. Le corps royal d'état-major sera composé, au pied de paix comme au pied de guerre, de cinq cent soixante officiers, savoir :

    30 colonels (1),
    30 lieutenants-colonels,
    100 chefs d'escadron,
    300 capitaines,
    100 lieutenants.

2. Les lieutenants d'état-major seront nommés parmi les sous-lieutenants élèves de l'Ecole d'application du

---

(1) Par décret du 28 juin 1860, le cadre du corps d'état-major est fixé ainsi qu'il suit :

Colonels	35
Lieutenant-colonels	35
Chefs d'escadron	110
Capitaines	300
Lieutenants	100
Total	580

corps royal d'état-major, conformément aux dispositio:s du titre **VI**.

Il y aura cinquante sous-lieutenants élèves ; ce nombre se composera, ainsi qu'il sera déterminé à l'art. **23**,

De sous-lieutenants de toutes armes en activité dans les corps ;

De sous-lieutenants sortant de l'Ecole polytechnique;

De sous-lieuten. sortant de l'Ecole spéciale militaire.

3. Les officiers de toutes armes, du grade de capitaine et au-dessous, sont, s'ils remplissent les conditions de l'examen de sortie de l'E ole d'application, admissibles à permuter avec les officiers d'état-major de leur grade ; ils ne prendront néanmoins dans le corps leur rang d'ancienneté que dans le cas où ce rang n'est pas supérieur à celui de l'officier remplacé.

4. Les officiers d'état-major, jusqu'au grade de capitaine inclusivement, pourront, sur leur demande, être placés au tour de non-activité dans l'infanterie ou la cavalerie ; dans ce cas, ils cesseront de faire partie du corps royal d'état-major.

TITRE II. — EMPLOI ET DESTINATION DES OFFICIERS D'ÉTAT-MAJOR.

5. Les colonels, lieutenants-colonels, chefs d'escadron et capitaines du corps royal d'état-major, continueront d'être employés comme chefs d'état-major, officiers d'état-major ou comme aides de camp.

6. Des officiers d'état-major seront attachés au dépôt de la guerre pour les travaux de cet établissement, pour la confection de la carte de France et pour toutes autres opérations analogues.

7. Des officiers d'état-major pourront être mis à la disposition du Ministre des affaires étrangères pour être attachés aux ambassades ou employés à des missions diplomatiques.

8. Les lieutenants d'état-major seront détachés comme officiers à la suite, deux ans dans l'infanterie, puis deux

ans dans la cavalerie. Après quatre ans de service dans ces deux armes, ils pourront être envoyés à la suite, pendant une autre année, dans les régiments d'artillerie ou du génie (1).

9. En temps de guerre, les lieutenants détachés dans la cavalerie, l'artillerie et le génie, pourront être appelés par notre Ministre de la guerre à remplir les fonctions d'état-major.

Notre Ministre de la guerre pourra aussi, et subsidiairement, affecter dans le même cas, aux mêmes fonctions, les officiers passés sur leur demande de l'état-major dans un autre corps, soit par permutation, soit au tour de la non-activité, et les officiers, anciens élèves de l'Ecole d'application, qui, ayant satisfait aux examens de sortie, n'ont pu, faute de vacances, être placés dans le corps d'état-major.

Ils seront, si les besoins du service l'exigent, remplacés à leur régiment ; dans ce cas seulement, ils compteront à la suite du corps d'état-major, y prendront rang du jour où ils auront été appelés et y concourront pour l'avancement : les officiers non remplacés continueront de compter à leur corps et d'y jouir de tous leurs droits.

Ces officiers recevront pendant leur service d'état-major la solde et les prestations attribuées à leurs grades dans l'état-major.

A la paix, le droit des officiers à la suite du corps d'état-major, à l'égard des vacances dans ce corps, sera le même que celui des officiers dont le corps aura été licencié ou l'emploi supprimé, relativement aux vacances dans leur arme.

Ceux qui préféreraient rentrer dans leur régiment y seront à la suite jusqu'à la première vacance.

Les officiers non remplacés dans leurs corps y rentreront immédiatement.

----

(1) Une décision ministérielle, du 23 novembre 1861, fait commencer le stage par la cavalerie.

10. A défaut d'officiers d'état-major, les officiers généraux peuvent être autorisés, par notre Ministre secrétaire d'Etat de la guerre, et en campagne par le commandant en chef de l'armée ou du corps d'armée, à employer auprès d'eux, avec le titre d'officier d'ordonnance, et pour la transmission des ordres, des capitaines en second de cavalerie et des lieutenants d'infanterie ou de cavalerie des troupes qu'ils commandent : ces officiers continueront de compter à leurs corps et d'y concourir pour l'avancement.

11. Les officiers d'état-major momentanément sans emploi pourront être mis à la solde de congé ; autrement ils seront employés provisoirement, soit au dépôt de la guerre, soit dans les divisions ; ils pourront aussi, jusqu'au grade de chef d'escadron inclusivement, servir à la suite dans les régiments d'infanterie et de cavalerie.

TITRE III.—DES OFFICIERS DÉTACHÉS A LA SUITE DES CORPS DE TROUPES.

12. Les lieutenants d'état-major détachés dans les corps d'infanterie ou de cavalerie serviront dans les compagnies ou escadrons pendant la première des deux années qu'ils doivent passer dans chacune de ces deux armes ; ils concourront pendant la seconde au service des adjudants-majors, lorsqu'ils y seront jugés propres par les inspecteurs généraux.

Les lieutenants qui seront promus au grade de capitaine avant l'expiration des quatre années qu'ils doivent passer dans les régiments d'infanterie et de cavalerie, achèveront de satisfaire à cette condition comme capitaines à la suite, et rempliront les fonctions d'adjudant-major.

Le service des officiers d'état-major détachés dans les corps aura lieu dans toutes les armes, conformément aux dispositions prescrites pour les officiers à la suite par nos ordonnances sur le service intérieur.

Les lieutenants détachés ne pourront être distraits des corps qu'en temps de guerre, et seulement après qu'ils auront servi deux ans; néanmoins, les lieutenants ayant une capacité spéciale pour les travaux géodésiques et topographiques pourront, même avant ce temps, être employés à la carte de France ou à toutes autres opérations analogues, et, en outre, deux lieutenants seront, immédiatement après leur sortie de l'école d'application, placés au dépôt de la guerre pour se former à la pratique des opérations géodésiques.

13. Les inspecteurs généraux d'infanterie et de cavalerie feront subir dans le cours de leur inspection, aux capitaines et aux lieutenants d'état-major détachés, des examens sur la théorie et la pratique des manœuvres, ainsi que sur toutes les parties du service; ils les examineront en outre sur leur service spécial d'état-major, en leur faisant exécuter des reconnaissances militaires et en ne leur donnant jamais plus de quarante-huit heures pour rapporter leur levé à vue et leur mémoire : il sera rendu compte de ces examens au ministre par des rapports qui seront, ainsi que les levés et mémoires, transmis à la commission d'examen d'état-major.

TITRE IV.—DE L'UNIFORME.

14. L'uniforme des officiers et élèves du corps royal d'état-major continuera tel qu'il est déterminé par les ordonnances et règlements en vigueur.

15. Les capitaines et les lieutenants détachés dans les corps porteront l'uniforme de l'état-major, moins seulement l'aiguillette.

16. Les officiers momentanément sans fonctions d'état-major, et servant conformément aux dispositions de l'article 11, continueront à porter l'uniforme d'état-major et l'aiguillette.

17. Les officiers des corps, *anciens élèves de l'école d'application*, appelés en temps de guerre, en vertu de l'article 9, à servir à la suite du corps d'état-major,

prendront l'uniforme de ce corps, s'ils sont remplacés à leur régiment. Dans le cas contraire, ils ne prendront que l'aiguillette.

18. Les officiers d'ordonnance continueront à porter l'uniforme de leurs corps.

Ils porteront comme marque distinctive de leurs fonctions le même bracelet que les aides de camp.

TITRE V. — DE LA SOLDE ET DES PRESTATIONS.

19. La solde et les prestations du corps d'état-major continueront d'être allouées conformément aux tarifs en vigueur. Les chefs d'escadron d'état-major auront droit au nombre de rations attribué aux chefs d'escadron de cavalerie.

20. Les capitaines et lieutenants détachés recevront la solde et les prestations allouées dans le corps à la suite duquel ils serviront.

21. Les officiers momentanément sans emploi dans l'état-major auront droit à la solde de congé.

Ils recevront, quand ils seront employés à la suite des régiments, la solde d'état-major, et de plus, dans la cavalerie, les rations de fourrages attribuées à leur grade.

22. Les officiers d'ordonnance recevront pendant leur service auprès des officiers généraux la solde et les prestations affectées aux officiers d'état-major de leur grade.

TITRE VI. — DES ÉLÈVES DE L'ÉCOLE D'APPLICATION D'ÉTAT-MAJOR.

23. Sur les cinquante sous-lieutenants élèves, vingt-cinq seront annuellement remplacés et pris, savoir :

Trois parmi les élèves de l'école polytechnique, d'après les règles établies pour les autres services publics;

Vingt-deux parmi les trente premiers élèves de l'école spéciale militaire, et parmi trente sous-lieutenants en activité au plus, qui, ayant au moins un an de grade, et ne dépassant pas vingt-cinq ans d'âge, se destineront à l'état-major ; les uns et les autres concourront selon le mode déterminé aux articles 24 et 31.

24. Tout sous-lieutenant qui se proposera de concourir pour le corps d'état-major devra adresser, avant le 1er août, par la voie hiérarchique, sa demande à l'inspecteur général, et, en l'absence de celui-ci, au lieutenant général commandant la division, qui la transmettra au ministre, avant le 20 du même mois, avec son avis et tous les renseignements qu'il aura recueillis sur cet officier.

Le ministre désignera les officiers qui devront être admis au concours, et leur donnera l'ordre de s'y rendre. Ils continueront à recevoir la solde d'activité de leur grade.

Les élèves de l'école spéciale militaire classés les trente premiers à l'examen de sortie de cette école concourront avec les sous-lieutenants de l'armée pour l'admission à l'école d'application d'état-major.

25. Les sous-lieutenants admis à l'école ne seront point remplacés à leurs corps ; les autres y rentreront immédiatement.

Les trente élèves de l'école spéciale destinés, d'après leur numéro d'examen, à concourir pour l'école d'application, seront, en même temps que les autres élèves de leur promotion, assignés à l'école de cavalerie ou à des régiments d'infanterie.

Ceux de ces élèves qui auront été admis à l'école d'application compteront dans les corps d'infanterie ou de cavalerie qui leur auront été désignés. Les trois élèves de l'école polytechnique seront placés, à leur choix, dans la cavalerie ou dans l'infanterie. Les élèves non admis se rendront, soit à l'école de cavalerie, soit dans les régiments d'infanterie.

26. Les élèves continueront de rester deux ans à l'école d'application et d'y être répartis en deux divisions.

Ils seront, d'après l'examen de sortie, divisés en deux classes :

1° Des élèves qui, ayant satisfait aux conditions de cet examen seront admissibles dans le corps de l'état-major;

2° Des élèves qui, n'ayant pas satisfait à ces conditions, ne seront pas admissibles dans ce corps.

27. Les élèves admissibles seront immédiatement appelés, dans l'ordre de leur numéro de sortie, à remplir les emplois de lieutenants vacants dans le corps d'état-major.

Ceux des élèves provenant des régiments et qui, pendant leur séjour à l'école d'application, auraient été nommés lieutenants dans leurs corps, prendront rang dans l'état-major à la date de cette nomination. Les élèves qui n'auraient pas acquis le grade de lieutenant dans un régiment prendront rang, quelle que soit leur ancienneté de sous-lieutenant, d'après leur numéro d'examen de sortie de l'école d'application, concurremment avec les sous-lieutenants provenant des écoles (1).

Les élèves admissibles, mais qui excéderont le nombre des vacances, prendront, dans les régiments d'infanterie ou de cavalerie, l'emploi qui leur aura été réservé pendant leur séjour à l'école d'état-major.

Les élèves sortis des régiments auront droit aux premiers emplois de lieutenant vacants dans leur corps, au tour du choix.

---

(1) Ce paragraphe est rapporté par l'art. 129 de l'ordonnance du 16 mars 1838, ainsi conçu : « Art. 129. Les élèves provenant d'un corps, qui, pendant leur séjour à l'École, sont promus dans leur corps à un emploi de lieutenant, ne prennent rang dans le corps royal d'état-major que d'après l'ordre déterminé par le numéro de mérite de leur examen de sortie. Néanmoins, ils conservent tous les droits que cette promotion leur donne à la retraite. »

Les élèves sortis d'une école seront portés au tableau d'avancement à leur arrivée dans les corps.

28. Les élèves non admissibles recevront immédiatement la destination qui leur aura été réservée, soit dans les corps de cavalerie, soit dans les corps d'infanterie, mais sans droit aux premières vacances, ni à l'inscription immédiate sur le tableau d'avancement.

TITRE VII. — DE LA COMMISSION D'EXAMEN D'ÉTAT-MAJOR.

29. Il est établi, pour les examens d'admission à l'école ou dans le corps d'état-major, et pour la direction des études tant des élèves que des officiers, une commission composée, savoir :

D'un lieutenant général président, annuellement désigné par notre ministre de la guerre ;

Du directeur ou chef du dépôt de la guerre ;

Du commandant de l'école d'application ;

De quatre colonels ou lieutenants-colonels d'état-major désignés chaque année par notre ministre secrétaire d'Etat de la guerre ;

D'un officier supérieur choisi parmi les officiers employés au dépôt de la guerre, et qui remplira les fonctions de secrétaire permanent.

Lorsque le directeur du dépôt de la guerre sera président de la commission, il y sera remplacé par un maréchal de camp ayant, autant que possible, été colonel au corps royal d'état-major.

Des professeurs de l'école d'application seront appelés dans le sein de la commission pour y participer aux examens d'admission et de sortie.

La commission tiendra ses séances, chaque année, du 1er octobre au 1er avril. Les époques d'examen d'admission et de sortie seront déterminées par notre ministre secrétaire d'Etat de la guerre.

30. La commission d'examen rédigera et proposera à

notre ministre de la guerre des règlements sur l'organisation intérieure, les cours et le régime de l'école d'application, enfin les programmes d'admission et de sortie ; ces programmes seront toujours rendus publics.

31. Le concours mentionné à l'art. 24, pour l'admission à l'école d'application, aura lieu devant la commission d'examen qui effectuera le classement résultant de ce concours.

32. Les examens de sortie de ladite école et le classement qui en sera la suite seront également faits par la commission.

La commission procèdera de même à l'examen des officiers qui se présenteront pour entrer par permutation dans le corps d'état-major.

33. La commission d'examen déterminera les travaux d'étude que devront annuellement exécuter les lieutenants et les capitaines détachés dans les corps, ainsi que les capitaines non détachés qui n'auront pas deux ans de grade et deux ans de fonctions d'état-major. Ces officiers seront, pour leurs travaux, sous la surveillance du chef de l'état-major. Cet officier supérieur sera leur intermédiaire avec la commission.

34. Les capitaines ayant plus de deux ans de fonctions d'état-major et les officiers supérieurs employés dans les divisions, soit comme officiers d'état-major, soit comme aides de camp, soit à la suite de corps de troupes, exécuteront, d'après les ordres du ministre ou des lieutenants généraux commandant les divisions, des travaux de reconnaissance et de statistique des frontières et des principaux points militaires, ainsi que des travaux historiques et critiques sur les guerres dont ils auront été le théâtre.

35. Les plans et mémoires, soit ceux qui auront été ordonnés aux officiers supérieurs et aux capitaines, soit ceux que ces officiers auront d'eux-mêmes conçus et exécutés, seront adressés à notre ministre de la guerre par les lieutenants généraux commandant, pour être ensuite déposés au secrétariat de la commission d'examen, à

moins qu'exceptionnellement il n'en soit autrement décidé par le ministre.

Le secrétaire de la commission recueillera ces plans et mémoires, ainsi que les travaux d'étude, et les mettra sous les yeux de la commission, qui en fera le classement. Ce classement lui servira, avec les rapports des inspecteurs généraux et des généraux commandants, à former le tableau pour l'avancement au choix.

36. Il sera ouvert, au secrétariat de la commission d'examen, un registre nominatif et par ancienneté, de tous les officiers du corps royal d'état-major, qui servira à inscrire les notes annuelles et les rapports des inspecteurs généraux et des généraux commandants, l'indication des travaux exécutés par les officiers, et l'opinion de la commission d'examen sur ces travaux. Un double de ce registre sera déposé au bureau des états-majors, pour être consulté dans tous les cas, et surtout pour déterminer la meilleure destination à donner aux officiers.

37. Le tableau d'avancement sera formé tous les ans par la commission d'examen, conformément aux dispositions que déterminera l'ordonnance générale d'avancement, et particulièrement le titre de cette ordonnance relatif au corps royal d'état-major.

TITRE VIII.—DISPOSITIONS TRANSITOIRES.

38. Jusqu'à ce que le nombre des officiers soit réduit conformément au cadre déterminé par l'art. 1er, il ne sera fait qu'une seule nomination pour deux vacances.

39. Les capitaines et les lieutenants actuellement détachés dans les corps de troupes cesseront d'y compter comme titulaires et y seront remplacés; néanmoins, ils continueront d'y servir à la suite, conformément à ce qui est prescrit aux titres II et III de la présente ordonnance.

Les lieutenants aides-majors cesseront leurs fonctions ; ils seront placés et employés comme les capitaines et les lieutenants détachés.

40. Les sous-lieutenants détachés cesseront, aux mêmes conditions que ci-dessus, d'être titulaires dans les corps. Ils seront immédiatement nommés lieutenants au corps royal d'état-major.

41. Toutes dispositions antérieures contraires à la présente ordonnance sont et demeurent abrogées.

42. Notre ministre secrétaire d'Etat de la guerre, président du conseil, est chargé de l'exécution de la présente ordonnance.

Signé LOUIS-PHILIPPE.

Par le Roi :

Le Président du Conseil, Ministre de la guerre,
Signé Maréchal DUC DE DALMATIE.

———

DÉCRET

Qui modifie les dispositions de l'ordonnance du 23 février 1833 concernant l'organisation du corps d'état-major.

Paris, le 12 avril 1852.

LOUIS-NAPOLÉON , Président de la République française,

Sur le rapport du Ministre de la guerre,

Décrète :

ART. 1er. Le 4e paragraphe de l'art. 12, l'art. 23 et le 3e paragraphe de l'art. 24 de l'ordonnance du 23 février 1833, sur l'organisation du corps d'état-major, sont modifiés conformément au texte ci-après; qui sera le seul officiel, à partir de la publication du présent décret :

4e § de l'article 12 : Les lieutenants détachés ne pourront être distraits des corps qu'en temps de guerre, et seulement après qu'ils auront servi deux ans.

Art. 23. Sur les cinquante sous-lieutenants-élèves, vingt-cinq seront pris annuellement, savoir :

Trois parmi les élèves de l'école polytechnique, d'après les règles établies pour les autres services publics ;

Vingt-deux, parmi trente élèves de l'école spéciale militaire, désignés dans l'ordre successif des numéros de mérite, et ayant demandé à concourir, et parmi trente sous-lieutenants en activité au plus, qui, ayant au moins un an de grade, se destineront à l'état-major. Les uns et les autres ne devront pas avoir atteint l'âge de 25 ans au moment de l'ouverture du concours, ils concourront selon le mode déterminé aux articles 24 et 31.

3e § de l'art. 24 : Les trente élèves de l'école spéciale militaire, désignés conformément aux dispositions de l'article qui précède, concourront avec les sous-lieutenants de l'armée pour l'admission à l'école d'application d'état-major.

2. Les dispositions contraires au présent décret sont abrogées.

3. Le ministre de la guerre est chargé de l'exécution du présent décret.

Fait au palais des Tuileries, le 12 avril 1852.

Signé : LOUIS-NAPOLÉON.

Le Ministre de la guerre,

Signé : A. DE SAINT-ARNAUD.

———

DÉCRET

RELATIF AU NOMBRE D'ÉLÈVES A ADMETTRE CHAQUE ANNÉE A L'ÉCOLE D'APPLICATION D'ÉTAT-MAJOR

Paris, le 24 avril 1858.

Art. 1er. A l'avenir, notre Ministre secrétaire d'Etat au département de la guerre déterminera, chaque année, le chiffre des élèves qui doivent être admis à l'Ecole d'application d'état-major, ainsi que le nombre des élèves de l'Ecole polytechnique qui seront compris dans ces admissions.

Art. 2. Le 2e § de l'article 2 de l'ordonnance du 23 février 1833 et les 1er et 2e paragraphes de l'article 23 de ladite ordonnance sont abrogés.

Les dispositions contraires au présent décret sont abrogées.

Le Ministre de la guerre est chargé de l'exécution du présent décret.

Signé, NAPOLÉON.

Le Ministre de la guerre,
VAILLANT.

RÈGLES D'ADMISSION

A L'ÉCOLE D'APPLICATION D'ÉTAT-MAJOR

Conformément au décret ci-dessus, modifiant l'ordonnance du 23 février 1833, et au décret ultérieur du 8 juin 1861, qui réorganise l'École spéciale de Saint-Cyr et règle le mode d'admission à l'École d'application d'état-major, suivi des décisions ministérielles des 20 et 21 juillet 1861, qui fixent les conditions du concours pour cette dernière École (note du 22 juillet 1861), le Ministre détermine chaque année, d'après l'ordre successif des numéros de sortie, le nombre des élèves qui seront admis, sur leur demande, à concourir pour les places de sous-lieutenants élèves à l'École d'application d'état-major.

Le nombre des candidats est, en principe, double de celui qui doit former, pour l'année, le recrutement de l'École.

Les examens sont subis devant une commission spéciale désignée par le Ministre.

Le programme des examens est le même que celui de sortie de Saint-Cyr, auquel s'ajoutent des épreuves écrites, des fragments de dessin exécutés sous les yeux de la commission et, enfin, des examens équestres propres à faire constater sous ce rapport l'aptitude de chaque candidat au service spécial d'état-major.

NOTE MINISTÉRIELLE

SUR LES CONDITIONS D'ADMISSION A L'ÉCOLE D'APPLICATION D'ÉTAT-MAJOR.

(Direction générale du personnel; 1er bureau, états-majors, etc.)

(Versailles, le 6 juin 1872.)

Le Ministre a fixé à 25 le nombre des élèves à admettre, cette année, à l'école d'application d'état-major.

Trois places d'élèves sont réservées pour les élèves sortant de l'École polytechnique.

Les autres seront données au concours.

Seront admis à concourir sur leur demande :

1° Les élèves de l'école spéciale militaire désignés dans l'ordre successif des numéros de mérite, en nombre double de celui fixé pour le recrutement de l'école d'application ;

2° Les sous-lieutenants de toutes armes de l'armée de terre en activité, à l'exception des sous-lieutenants, anciens élèves de l'école polytechnique et qui auront, au 1er octobre de l'année courante, un an de grade au moins.

Les candidats, officiers ou élèves, ne devront pas avoir 25 ans accomplis au 1er octobre de l'année du concours.

Tout sous-lieutenant de l'armée, qui se propose de concourir, doit adresser, par la voie hiérarchique, sa demande au général commandant la division.

Le général y joindra son avis, ainsi que tous les renseignements qu'il aura pu recueillir sur l'officier ;

ces renseignements seront accompagnés des notes semestrielles inscrites au registre du personnel et du relevé des punitions.

Les demandes devront, sous peine de rester sans effet, arriver au ministère de la guerre avant le 1er août prochain.

Le Ministre désignera les sous-lieutenants qui seront admis à prendre part au concours, et les autorisera à se rendre à Paris, aussitôt que l'époque du concours aura été fixée.

Les examens seront subis devant une commission spéciale qui sera désignée par le Ministre.

Le programme des examens sera le même que celui de sortie de Saint-Cyr, auquel s'ajouteront des épreuves écrites, des fragments de dessin exécutés sous les yeux de la commission, et enfin des exercices équestres propres à faire constater, sous ce rapport, l'aptitude de chaque candidat au service spécial du corps d'état-major.

Les candidats seront, en outre, interrogés sur les connaissances mathématiques dont le programme suit :

1re PARTIE.

Arithmétique.

Proportions. — Progressions. — Logarithmes.

2e PARTIE.

Algèbre.

Avantage des signes et des notations algébriques.
Multiplication et division des polynomes.
Résolution des équations du 1er degré à plusieurs inconnues.

Résolution d'une équation du 2ᵉ degré à une inconnue.

Théorie des exposants entiers ou fractionnaires, positifs ou négatifs.

3ᵉ PARTIE.

Géométrie.

Surfaces et volumes. — Applications diverses.

4ᵉ PARTIE.

Trigonométrie.

Définition des six lignes trigonométriques des arcs.

Relations qui les lient toutes à l'une quelconque d'entre elles.

Marche générale qu'elles suivent, quand les arcs varient de grandeur ou de signe.

Rapport qui existe entre les lignes trigonométriques des arcs et celles des angles qu'ils mesurent.

Résolution des triangles rectangles et des triangles obliquangles.

Formules qui donnent les sinus et les cosinus de la somme ou de la différence de deux angles en fonctions des lignes trigonométriques de ceux-ci. Cas particulier de l'angle double d'un autre.

Formules qui permettent de changer la somme ou la différence de deux sinus ou de deux cosinus d'angles en produits de sinus ou de cosinus d'angles formés avec les premiers par voie d'addition et de soustraction.

Notions générales de trigonométrie sphérique.

Les candidats devront être munis d'une petite table de logarithmes.

Les sous-lieutenants qui se proposent de concourir,

cette année, pour l'admission à l'École d'application d'état-major, sont prévenus que les coëfficients attribués aux épreuves, ont été fixés comme il suit :

ÉPREUVES ORALES...	1re	Mathématiques.......... Topographie et Trigonométrie............	3	
		Artillerie et balistique...	2	6
		Langue allemande......	1(*)	
	2e	Fortification et castramétation.............	2	
		Art et histoire militaires..	2	6
		Administration et Législation militaires........	2	
ÉPREUVES ÉCRITES...		Mémoire............	3	4
		Dessin.............	1	
ÉQUITATION...		....	1	1
APTITUDE GÉNÉRALE.		....	3	3
			20(*)	20(*)

Les candidats sont, en outre, prévenus que des questionnaires seront préparés sur les différentes matières de cet examen et que les questions seront tirées au sort, comme cela a lieu pour les examens de sortie de Saint-Cyr.

(*) Le coefficient de la langue allemande a été porté à 2 par une décision ministérielle du 15 novembre 1872 ; le nombre total des points est de 21 au lieu de 20.

RÈGLEMENT

SUR LE

SERVICE INTÉRIEUR & L'ADMINISTRATION

DE

L'ÉCOLE D'APPLICATION

DU CORPS D'ÉTAT-MAJOR

TITRE Ier. — PERSONNEL.

ART. 1er. Le personnel attaché à l'école est composé de la manière suivante :

1° *État-major.*

Un général de brigade, commandant ;

Un colonel ou lieutenant-colonel du corps d'état-major, commandant en second, directeur des études ;

Un chef d'escadron du même corps, sous-directeur des études, chargé de la surveillance du service intérieur de l'école et de l'instruction théorique sur les évolutions de ligne et les règlements militaires ;

Trois capitaines du même corps, chargés des détails du service intérieur de l'école, et qui concourent à l'instruction militaire des officiers élèves. Ils sont chargés des théories d'infanterie et de cavalerie jusqu'aux évolutions de régiment exclusivement ;

Ces capitaines sont appelés à diriger une partie des travaux topographiques sur le terrain ;

Un officier de santé, docteur en médecine, ayant au moins le grade de médecin-major.

2° *Professeurs militaires.*

Un capitaine ou chef d'escadron d'état-major, professeur de machines et de sciences appliquées;

Un capitaine ou chef d'escadron d'état-major, professeur de cosmographie, de géographie physique et de statistique;

Un capitaine ou chef d'escadron d'état-major, professeur de géodésie et de topographie;

Un capitaine ou chef de bataillon du corps du génie, professeur de fortification;

Un capitaine ou chef d'escadron du corps de l'artillerie, chargé de l'instruction relative à cette arme;

Un sous-intendant militaire, professeur de législation et d'administration militaires;

Un capitaine ou chef d'escadron d'état-major, professeur d'art militaire;

Trois capitaines du corps d'état-major, professeurs adjoints, savoir :

Un adjoint au professeur de machines et de sciences appliquées, chargé d'aider le professeur d'artillerie;

Un adjoint au professeur de topographie et de géodésie, chargé d'aider le professeur de géographie;

Un adjoint au professeur de fortification, chargé d'aider le professeur d'art militaire;

Les professeurs adjoints sont, en outre, chargés de la conduite des travaux topographiques sur le terrain, sous la direction du professeur de topographie.

Un chef d'escadron de cavalerie, écuyer en chef, professeur d'équitation et d'hippologie, ayant sous ses ordres :

Un capitaine de cavalerie instructeur, spécialement chargé de l'instruction militaire à cheval des officiers élèves, et concourant avec l'écuyer adjoint à tous les détails de l'instruction à cheval;

Un officier de cavalerie, du grade de capitaine, écuyer adjoint, chargé du commandement du petit état-major et de la surveillance du matériel du manége.

3° *Professeurs non militaires.*

Deux professeurs de dessin;
Un professeur de langue allemande et un professeur adjoint;
Un professeur d'escrime.

4° *Employés.*

Un trésorier secrétaire, faisant fonctions de bibliothécaire et d'archiviste; il est tenu de fournir un cautionnement;
Un commis aux écritures, chargé de la conservation du mobilier et des objets de consommation, sous la surveillance du trésorier.

5° *Gens de service.*

Un portier-consigne;
Deux garçons de salle;
Un tambour ou un clairon;
Un homme de peine.

6° *Personnel du manége.*

Un officier du service des remontes, du grade de lieutenant ou de sous-lieutenant, commandant le détachement des cavaliers de remonte et celui des cavaliers de manége attachés à l'école, ayant la surveillance du casernement et la direction des ordinaires; cet officier est placé sous les ordres du chef d'escadron d'état-major chargé du service intérieur;
Un vétérinaire de 1re classe, chargé, sous la surveil-

lance de l'écuyer en chef, de l'infirmerie des chevaux, de la direction de la ferrure et de la tenue des registres afférents à ces deux services;

Un petit état-major composé de : un adjudant maître de manége, chargé de la police générale du quartier; deux maréchaux des logis, sous-maîtres de manége; un brigadier-maréchal et cinq maréchaux ferrants. Le matériel du manége est confié à l'adjudant sous la surveillance du capitaine-écuyer.

2. Les places de professeur titulaire sont mises au concours, ainsi que celles de professeur adjoint.

Les chefs d'escadron peuvent concourir pour les emplois de professeur titulaire des cours confiés à des officiers.

Toutefois, par exception au premier paragraphe du présent article, les officiers qui ont déjà été employés comme professeurs dans d'autres écoles ou comme professeurs adjoints à l'école d'état-major, ou qui, à d'autres titres, ont fait preuve d'une capacité notoire, pourront être nommés, sans concours, à des emplois de professeur titulaire, sur la proposition du général commandant l'école et avec l'agrément du comité d'état-major.

Le mode de concours est toujours suivi pour la nomination des professeurs adjoints.

Les divers concours, soit pour l'emploi de professeur, soit pour celui de professeur adjoint, ont lieu devant le comité consultatif d'état-major. Ils sont annoncés au moins un mois à l'avance dans le *Journal officiel* et dans le *Journal militaire*.

3. Au plus tard, deux années après leur nomination, les professeurs sont tenus de remettre au directeur des études le cours écrit qu'ils professent. Ce cours est soumis à l'examen du comité consultatif d'état-major; copie en est déposée ensuite dans les archives du comité et dans celles de l'école.

4. Le trésorier, ainsi que le commis aux écritures

et les gens de service sont nommés par le Ministre, qui détermine leur traitement.

TITRE II. — RÉPARTITION DES OFFICIERS ÉLÈVES EN DIVISIONS.

5. Les officiers élèves passent deux ans à l'école et sont répartis en deux divisions.

6. Les officiers élèves entrant à l'école forment la deuxième division.

A leur arrivée, ils doivent remettre au commandant en second une note indiquant leurs noms et prénoms, les domiciles de leurs père et mère ou de leurs tuteurs ou correspondants.

7. La première division est composée des officiers élèves qui ont déjà passé une année à l'école et satisfait aux examens de passage.

8. L'officier élève qui figure le premier sur la liste de classement de chaque division (voir l'article 23 ci-après) en est le chef. En cas d'absence ou de maladie, il est remplacé par le second, et ainsi de suite selon 'ordre des rangs.

TITRE III. — ENSEIGNEMENT.

9. Les études et les travaux des officiers élèves sont réglés par des programmes détaillés qui ont pour objet :

1° La théorie des manœuvres d'infanterie, de cavalerie et d'artillerie, et la connaissance des règlements sur le service des troupes ;

2° La législation et l'administration militaires ;

3° L'art militaire, comprenant la tactique élémentaire, la grande tactique et la stratégie ;

4° Le service spécial des officiers du corps d'état-major ;

3.

5° La cosmographie, la géographie physique et la statistique;

6° La topographie, la géodésie et leurs applications sur le terrain;

7° La fortification passagère et permanente, l'attaque et la défense des places;

8° L'artillerie, restreinte à l'organisation du personnel, à la division du matériel en artillerie de campagne, de siége, de place et de côte; aux portées et aux effets des diverses bouches à feu, à la formation des batteries, des parcs et différentes espèces d'équipages; à l'emploi de l'artillerie en campagne, dans les siéges et sur les côtes; à la construction des batteries et des ponts; à la tactique élémentaire, aux ordres de marche et de bataille;

9° Les machines et les sciences appliquées à la perspective, à la télégraphie, aux voies ferrées, à la photographie, etc.;

10° Le dessin, particulièrement celui du paysage;

11° La langue allemande;

12° L'hippologie;

13° L'équitation, la voltige, les écoles pratiques du cavalier, de peloton, d'escadron et les évolutions de régiment;

14° L'escrime.

TITRE IV. — CONSEIL D'INSTRUCTION.

10. Un conseil d'instruction est chargé des détails relatifs à l'enseignement et aux travaux des officiers élèves; ce conseil est composé :

Du général commandant, président;

Du directeur des études;

Du sous-directeur des études;

Et de trois professeurs militaires, désignés tous les ans, à tour de rôle, à l'époque du 1er janvier, par le général commandant.

11. Les autres professeurs, les adjoints et les officiers de l'état-major de l'école peuvent être appelés au conseil par le général commandant, mais ils n'y ont voix délibérative que dans le cas prévu par l'article 14 ci-après.

12. Le conseil d'instruction s'occupe de la révision des programmes et instructions relatifs aux cours, des propositions concernant les changements et perfectionnements indiqués par l'expérience, ainsi que du choix des livres, cartes et instruments nécessaires aux travaux des officiers élèves.

13. Il désigne ceux des professeurs adjoints qui doivent, au besoin, seconder les professeurs des cours pour lesquels il n'y a pas d'adjoint titulaire.

14. A la fin de chaque année, le conseil d'instruction forme une liste de classement provisoire des officiers élèves de chaque division, d'après leurs notes individuelles. Dans ce cas, tous les professeurs sont appelés au conseil, avec voix délibérative.

15. Il est tenu un registre des délibérations du conseil d'instruction. L'un des professeurs, membre du conseil, est désigné par le président pour rédiger le procès-verbal de chaque séance.

16. Les arrêtés du conseil qui ne comportent que des dispositions relatives au service courant reçoivent sur-le-champ leur exécution. Ceux qui tendent à apporter des changements au présent règlement ne peuvent avoir leur effet qu'après l'approbation du Ministre.

TITRE V. — TRAVAUX DES OFFICIERS ÉLÈVES.

17. Neuf heures au moins et onze heures au plus, suivant les saisons, sont consacrées chaque jour, les dimanches et fêtes exceptés, aux cours, travaux et exercices relatifs à l'instruction des officiers élèves.

18. Huit mois de l'année sont employés aux travaux intérieurs, trois mois aux travaux extérieurs et le dernier mois aux examens de fin d'année.

19. Pendant la durée des travaux intérieurs, sept ou huit heures par jour, suivant les saisons, sont employées aux leçons, aux études et aux travaux graphiques.

20. Un tableau de l'emploi du temps règle la distribution des travaux; il est établi aussi souvent qu'il est nécessaire, et affiché dans les salles d'étude et dans la salle du rapport.

21. Les travaux extérieurs ont lieu pendant le trimestre de juillet. Le général commandant détermine les époques où chaque travail doit commencer et finir.

22. Les professeurs adressent, le 1er de chaque mois, au directeur des études, un rapport sur les travaux et sur les interrogations faites aux officiers élèves pendant le mois précédent.

TITRE VI. — EXAMEN ET CLASSEMENT DES OFFICIERS ÉLÈVES.

23. Les officiers élèves, à leur entrée à l'école, sont classés suivant l'ordre d'admission établi par le comité d'état-major. Les élèves provenant de l'École polytechnique prennent la tête de la promotion, dans l'ordre de leur classement de sortie.

24. Des interrogations journalières sur chacune des parties de l'enseignement, réglées dans leur ensemble par les soins du directeur des études, sont faites par les professeurs, secondés par les professeurs adjoints.

A la fin de la première année, un examen général est subi, pour le passage en première division, devant un jury composé du général commandant l'école ou du directeur des études, président, du sous-directeur des études, du professeur du cours et d'un officier désigné par le conseil d'instruction.

A la fin de la deuxième année, un examen général, comprenant toutes les matières du cours, est fait par chaque professeur. C'est l'examen préparatoire de sortie.

Dans l'établissement des tableaux de classement dressés par le conseil d'instruction, aux termes de l'article 14 ci-dessus, la moyenne des cotes obtenues par chaque élève, aux interrogations dans chacun des cours, est comptée pour un tiers, et la note obtenue à l'examen général, pour deux tiers.

Ces tableaux de classement sont soumis au comité d'état-major, pour être transmis au Ministre par ce comité.

Les professeurs et les membres du jury doivent, pour les examens, les interrogations et l'évaluation des travaux graphiques, se conformer rigoureusement à l'échelle d'appréciation suivante :

De 0 à 4, ignorance des cours, mal;
De 5 à 9, médiocre ou passable;
De 10 à 13, assez bien;
De 14 à 18, bien;
De 19 à 20, très-bien.

25. Tout officier élève, pour passer de seconde en première division, doit remplir les conditions suivantes :

1° Présenter, comme résultat général de ses divers travaux et de ses examens (la moyenne de l'année étant combinée avec la cote obtenue devant le jury dans la proportion fixée par l'article 24 ci-dessus), un nombre de points égal à 660 sur 1,200;

2° Avoir obtenu une moyenne de 8 points pour l'ensemble des examens oraux, comprenant non-seulement toutes les parties scientifiques et militaires, mais encore l'allemand et l'hippologie;

3° Avoir atteint, à l'examen passé devant le jury,

quel que soit d'ailleurs le résultat général ci-dessus, savoir :

Dans chacune des branches de l'instruction théorique, 5 points sur 20 ;

Dans le classement de ses travaux graphiques de topographie, une moyenne de 8 points sur 20 ; et dans ceux de chacun des autres cours, une moyenne de 6 points sur 20.

L'officier élève qui, dans ses examens oraux, est resté au-dessous des minima particuliers indiqués ci-dessus, subit, pour chacun des cours dans lesquels il n'a pas atteint le minimum exigé, une nouvelle épreuve devant le comité consultatif d'état-major. Le recours au comité ne peut avoir lieu que pour les minima particuliers et non pour l'ensemble des examens.

Si cette nouvelle épreuve ne lui est pas favorable, il cesse de faire partie de l'école et rentre à son régiment, à moins qu'il ne se trouve dans le cas de l'application de l'article 28 du présent règlement.

Si l'épreuve lui est favorable, il est maintenu à l'école, mais placé à la fin du tableau de classement dressé par le conseil d'instruction.

26. Le comité consultatif d'état-major procède, à la fin de chaque année, à l'examen général des officiers élèves qui doivent sortir de l'école cette année.

Des professeurs de l'école peuvent être appelés dans le sein du comité pour participer à ces examens.

Lorsque les examens sont terminés, le comité d'état-major procède au classement définitif des offficiers élèves de la première division ; à cet effet, il se fait représenter, à titre de renseignement, le registre des notes de chacun des officiers élèves, les tableaux d'évaluation des travaux, le classement de passage en première division et le classement provisoire de sortie, qui a été dressé par le conseil d'instruction conformément à l'article 14. Les points obtenus dans ces deux

lassements sont ajoutés, chaque somme pour sa moi-
ié, au classement définitif fait par le comité. La
omme totale est divisée par deux, afin de ne pas excéder la limite réglementaire de 1,200 points pour le
maximum.

Tout officier élève qui, dans les examens de sortie,
n'a pas obtenu une moyenne de 10 points pour l'ensemble des examens oraux, comprenant non-seulement
toutes les parties scientifiques et militaires, mais
encore l'allemand et l'hippologie, et qui n'a point
atteint le chiffre de 720 points, c'est-à-dire les 3/5 du
maximum 1,200, est réputé inadmissible dans le corps
d'état-major.

27. Le rang d'ancienneté dans le corps, des officiers
élèves à leur sortie de l'école, est déterminé par le
classement du comité d'état-major approuvé par le
Ministre de la guerre. Le comité désigne au Ministre
les officiers élèves qui ne sont pas admissibles dans le
corps d'état-major.

28. Les officiers élèves de la deuxième division dont
les études ont été interrompues pendant quarante-cinq
jours, pour cause de maladie traitée à l'hôpital militaire du lieu, peuvent être autorisés, sur l'avis du comité d'état-major, à doubler la première année d'études.

Ceux de la première division qui, par le même motif, ne satisfont pas à l'examen de sortie, peuvent
également, sur la proposition du comité, être admis à
passer une troisième année à l'école.

Les officiers élèves de la première division qui passent une troisième année à l'école concourent avec les
officiers élèves de la division sortant cette même année.

Si leur instruction est déclarée incomplète par le comité, ils ne sont plus admissibles dans le corps d'état-
major.

Il doit être justifié, par pièces authentiques, de la
nature de la maladie et de la durée du séjour à l'hopi-

tal militaire. La faculté de doubler une des deux années d'études ne peut être accordée pour nulle autre cause.

29. Dans aucun cas, un officier élève ne peut rester plus de trois années à l'école d'application.

30. Les officiers élèves de l'école peuvent, sur leur demande, et d'après l'avis du général commandant, être autorisés à se retirer avant l'expiration des deux années d'études exigées par l'ordonnance du 23 février 1833. Dans ce cas, ils sont assimilés aux officiers élèves non admissibles, et rejoignent les régiments dans lesquels ils ont été précédemment classés. La renonciation d'un officier élève au service de l'état-major le met dans l'impossibilité de concourir pour être admis de nouveau à l'école d'application comme sous-lieutenant de l'armée.

TITRE VII. — ADMINISTRATION.

31. L'administration de l'école est confiée à un conseil, dont les attributions et la responsabilité sont analogues à celles des conseils d'administration des corps de troupes. Les modifications ou dérogations que commande la spécialité de cet établissement sont déterminées par le présent règlement.

32. Le conseil d'administration est composé de sept membres, savoir :

Le général commandant, président ;

Le directeur des études ;

Le chef d'escadron chargé du service intérieur ;

Deux des capitaines employés à l'état-major de l'école ;

Un professeur titulaire et un adjoint.

33. Le trésorier est secrétaire du conseil avec voix consultative.

34. En cas d'absence, le général est remplacé par le directeur des études, et les autres membres, par des

capitaines de l'état-major de l'école ou par des capitaines attachés à l'instruction.

35. Toutes les dispositions des ordonnances et règlements relatifs à l'installation, à la tenue des séances et aux délibérations des conseils d'administration des corps de troupes sont applicables à celui de l'école. Ce conseil ne peut délibérer s'il n'y a pas cinq membres présents à la séance.

36. Le conseil d'administration de l'école a trois registre :

1° Un registre de délibérations;

2° Un registre central pour la distinction des recettes et dépenses;

3° Un registre matricule faisant l'office de contrôle pour le personnel payé sur les fonds de l'établissement.

37. Le trésorier a trois registres :

1° Un registre-journal des recettes et des dépenses ;

2° Un registre des matières;

3° Un registre matricule des cavaliers de manége.

38. Un sous-intendant militaire est chargé de la surveillance administrative de l'école, sous les ordres immédiats de l'intendant militaire de la 1re division. Cette surveillance est exercée au même titre et d'après les mêmes principes que pour les corps de troupes.

39. Chaque année, et aussitôt qu'il a reçu l'avis donné par le Ministre du crédit ouvert par la loi de finances pour l'école, le conseil établit le budget des dépenses du personnel et du matériel, d'après les besoins réels du service de l'établissement.

En cas de dépenses extraordinaires et imprévues qui exigent une augmentation de crédit, le conseil en fait l'objet d'un budget supplémentaire.

40. Les dépenses de l'école sont classées comme il suit :

Ire section .. { 1. Traitement des professeurs et employés.
2. Gages des gens de service.

IIe section.
1. Frais d'instruction des officiers élèves.
2. Chauffage et éclairage.
3. Infirmerie.
4. Frais de bureau.
5. Manége.
6. Dépenses diverses et accidentelles.

IIIe section. — Entretien des bâtiments.

IVe section. — Solde et accessoires de solde des cavaliers de manége et du petit état-major.

41. Le classement établi en l'article précédent est observé dans toutes les parties de la comptabilité (écritures et comptes), ainsi que dans les budgets et les demandes de fonds.

42. Les budgets de dépense établis par le conseil, en double expédition, sont vérifiés par le sous-intendant militaire, et transmis par ce fonctionnaire à l'intendant militaire, qui les adresse au Ministre avec son avis.

43. Lorsque le Ministre a statué sur le budget, il renvoie l'une des deux expéditions, revêtue de son approbation, à l'intendant militaire, qui la conserve et en adresse une ampliation au sous-intendant, pour être transmise au conseil. Cette ampliation est aussitôt transcrite sur le registre des délibérations.

44. L'intendant militaire est ordonnateur titulaire des crédits à ouvrir, au nom du Ministre, pour l'acquittement des dépenses ordinaires et extraordinaires autorisées, et il ordonnance, au nom du conseil, sur ses demandes motivées, à titre d'avance ou pour solde, suivant les cas, les sommes nécessaires au paiement des dépenses ; le tout, conformément aux dispositions du règlement de comptabilité en ce qui concerne le département de la guerre.

45. Les fonds sont reçus sur les quittances du conseil d'administration et versés dans sa caisse, d'où ils ne sortent qu'en vertu de ses délibérations, pour être

nis, à mesure et dans la proportion des besoins,
trésorier chargé d'effectuer les paiements.

_e conseil a un livret pour servir à l'inscription de
tes les sommes qui lui sont payées par le Trésor.
livret est renouvelé à chaque exercice.

46. Le trésorier est responsable, envers le conseil,
la conservation des fonds qui lui sont confiés et de
r emploi légal, dont il doit justifier en séance,
ique mois, d'une manière analogue à ce qui est
escrit pour les trésoriers des corps de troupes. Il est
lement responsable du mobilier, dont la conserva-
n est confiée au commis aux écritures.

47. A l'expiration de chaque trimestre, le conseil
dministration établit, en triple expédition, le compte
s dépenses effectives. Il y joint le bordereau parti-
ier des pièces de dépenses remises au payeur, con-
mément aux dispositions du règlement de compta-
ité du département de la guerre, et présente le tout
sous-intendant militaire, pour être vérifié et arrêté
r lui.

48. Après la vérification et l'arrêté du compte des
pepses, le sous-intendant adresse les trois expédi-
ns de ce compte à l'intendant militaire. Celui-ci le
rifie, l'arrête, en transmet une expédition au Mi-
tre avec les pièces à l'appui, et renvoie les deux
tres au sous-intendant. L'une reste entre ses mains ;
utre est remise au conseil d'administration.

49. Les registres du conseil et du trésorier sont vé-
iés et arrêtés par le sous-intendant à l'expiration de
aque trimestre, et par l'intendant à la fin de chaque
ercice.

50. La gestion en deniers et en matières du tréso-
r est simplement justifiée par ses registres, et régu-
rement par l'arrêté définitif de l'intendant.

51. Dans le cours du premier trimestre de chaque
née, il est dressé par le sous-intendant militaire,
isté du trésorier et de deux autres membres du con-

seil d'administration, un inventaire du mobilier de l'établissement, avec l'estimation et l'annotation des circonstances qui en ont affecté, en plus ou en moins, la valeur.

TITRE VIII. — SERVICE, POLICE ET DISCIPLINE.

CHAPITRE Ier. — *Service des officiers employés à l'école.*

52. L'autorité du général commandant s'étend à toutes les parties du service, police, discipline, instruction et administration de l'école ; les officiers et autres personnes employées à l'école, à quelque titre que ce soit, sont sous ses ordres. De lui émanent tous les ordres généraux et particuliers, ainsi que les dispositions de détail pour l'exécution du présent règlement, en ce qui concerne le service, la police et la discipline, et toutes celles que peuvent nécessiter des circonstances non prévues par ledit règlement, et qui ne seraient pas de nature à exiger une décision du Ministre.

53. Le commandant en second est chargé de la surveillance du service intérieur, de la police et de la discipline ; il transmet les ordres du général et en surveille l'exécution ; il reçoit tous les rapports qui lui sont adressés hiérarchiquement et en forme un rapport général qu'il remet chaque jour au général commandant. Il prend en même temps ses ordres sur les demandes et sur les autres objets du service.

Comme directeur des études, le commandant en second examine les méthodes d'enseignement, et propose au conseil d'instruction les modifications et améliorations qui lui paraissent propres à perfectionner ou hâter l'instruction des officiers élèves. Il surveille les

ravaux des officiers élèves, dans l'intérieur de l'école
omme à l'extérieur. Il tient le registre des notes don-
ées par les professeurs, et, à la fin de chaque tri-
nestre, en présente le résultat au général commandant,
ans un rapport détaillé.

54. Le chef d'escadron seconde le directeur des études
lans la tenue des écritures et tout ce qui concerne la
urveillance et la direction des travaux ; il est chargé
le la surveillance intérieure du service de l'école ; il
eçoit tous les rapports relatifs à la police et à la di-
ipline, et remet le sien tous les jours au commandant
n second. Ce rapport fait connaître les demandes for-
nées par les officiers élèves et tout ce qui s'est passé
lans les vingt-quatre heures. Cet officier supérieur
rend note des congés ou permissions accordées,
asse l'inspection des officiers élèves et visite leurs
hambres.

Il tient un registre de police et de punitions, et un
egistre où sont inscrites les maladies motivant les dé-
ais qui peuvent être accordés aux officiers élèves
our la remise de leurs travaux.

Cet officier supérieur dirige l'instruction militaire
héorique ; il enseigne personnellement la théorie
ur les évolutions de ligne (infanterie et cavalerie),
ur le service en campagne et sur le service des places.

Il a la haute surveillance du petit état-major et des
leux détachements affectés au service du manége,
our tout ce qui concerne la police et la discipline ;
'adjudant maître de manége, spécialement chargé de
la police générale du quartier, relève directement de
ui pour ce service.

Il reçoit chaque jour et transmet au colonel commandant en second le rapport du capitaine écuyer sur
la situation des chevaux et le personnel du petit état-
major, et le rapport de l'officier de remonte sur le
personnel des deux détachements et sur la police générale.

Il veille, en général, à la bonne exécution du service journalier, qui est placé sous son autorité supérieure.

55. Les trois capitaines d'état-major attachés à l'état-major de l'école sont chargés, à tour de rôle et pendant une semaine, des détails du service intérieur.

Deux d'entre eux sont de service en même temps, chaque semaine.

L'un, capitaine de semaine, fait faire les sonneries ou batteries, fait les appels, vise la feuille de la rentrée du soir, et surveille les officiers élèves pendant les leçons données par les professeurs civils, soit dans les salles, soit dans les salles de cours.

Pendant toute la durée du service, il est responsable du maintien du bon ordre dans l'intérieur de l'école. Il ne peut s'en absenter que pour affaire de service.

Ce capitaine de semaine remplit, en outre, auprès des détachements affectés au service du manége sous la direction du chef d'escadron d'état-major, les fonctions de capitaine adjudant-major, telles qu'elles sont définies au chapitre VI de l'ordonnance du 2 novembre 1833, sur le service intérieur des troupes à cheval. (Voir art. 107 et 108.)

L'autre, capitaine de piquet, est chargé des théories à faire aux officiers élèves de la deuxième division, sur les écoles du cavalier, de peloton et d'escadron ; il assiste au rapport journalier et reste à la disposition du général commandant.

Le capitaine qui n'est ni de semaine ni de piquet concourt, dans une certaine mesure, avec les professeurs adjoints, au service de surveillance dans les salles d'étude, suivant les dispositions arrêtées par le commandant en second.

56. Les officiers adjoints aux professeurs sont chargés de la surveillance particulière des salles d'étude, dans l'ordre réglé par le tableau de l'emploi du temps.

Ils s'assurent de la présence de tous les officiers élèves ; ils sont responsables de l'ordre et de la police des salles d'étude, et veillent à ce que les officiers élèves ne se livrent à aucune occupation étrangère à leurs travaux.

Ils consignent, après chaque séance, leur rapport sur un registre spécial.

Les professeurs titulaires concourent au service des salles d'étude pour y donner des conseils aux officiers élèves sur les matières de leur cours, et y surveiller l'exécution des travaux graphiques qui s'y rapportent.

57. L'officier de santé doit ses soins à toutes les personnes employées à l'école ; s'il ne peut être logé dans l'établissement, il est tenu d'avoir son domicile à proximité ; il se réunit aux officiers de l'état-major toutes les fois que le général commandant les rassemble.

CHAP. II. — *Logement des officiers élèves.*

58. Tous les officiers élèves sont logés à l'école, seuls ou plusieurs ensemble, en raison des locaux. A leur entrée à l'école, la répartition du logement est faite par le chef d'escadron chargé du service intérieur.

Il leur est défendu d'avoir des chambres en ville à loyer.

59. Les officiers élèves sont servis, à leurs frais, par des domestiques attachés à l'école. Aucun officier élève ne peut avoir de domestique particulier.

Les gages des domestiques sont fixés par le conseil d'administration et payés par le trésorier, au moyen d'une retenue mensuelle sur les appointements des officiers élèves.

60. Conformément aux règlements militaires sur la police des pavillons, les officiers élèves sont responsables des meubles qui leur sont fournis, ainsi que des dégradations qui peuvent leur être imputées. Il leur est

défendu de dénaturer aucune des fournitures ni de les employer à d'autres usages que ceux auxquels elles sont destinées.

CHAP. III. — *Tenue des officiers élèves* (1).

61. La tenue se distingue en grande tenue, petite tenue, tenue de travail et tenue de manége.

La grande tenue est celle du corps d'état-major, moins les broderies et l'aiguillette.

La petite tenue est en tunique du modèle prescrit pour le corps d'état-major, avec les épaulettes, le chapeau et l'épée.

La tenue de travail est en tunique sans épaulettes.

La tenue de manége est en tunique courte, pantalon garance collant, bottes à l'écuyère et képi.

Les officiers élèves portent un képi conforme au modèle prescrit pour le corps d'état-major.

Le caban du modèle d'état-major (22 février 1868) est porté à l'école sans capuchon.

La tenue, soit à l'intérieur, soit à l'extérieur de l'école, est prescrite par le général commandant.

62. Une inspection est passée, le premier dimanche de chaque mois, par le chef d'escadron chargé du service intérieur ; les autres inspections sont annoncées par des ordres particuliers.

CHAP. IV. — *Police intérieure de l'école.*

63. La présence à l'école est constatée par l'appel du matin.

L'appel du matin est fait par le capitaine de se-

---

(1) Voir la description de l'uniforme du corps d'état-major, *J. Mil.*, 1er *Sem.* 1872, p. 729.

maine, à six heures, six heures et demie ou sept heures, suivant les saisons ; le réveil est sonné un quart d'heure avant l'appel.

Les officiers élèves viennent à l'appel dans la tenue prescrite par le général commandant.

64. Aucun officier élève ne doit sortir de l'école avant l'heure fixée pour l'appel du matin, ni aux heures consacrées aux leçons et exercices, sans une permission particulière du général commandant.

65. A neuf heures ou neuf heures et demie du matin, suivant les saisons, les officiers élèves peuvent sortir pendant une heure, pour aller déjeuner. Une sonnerie indique le moment de cette sortie ; une nouvelle sonnerie indique celui de la rentrée, qui est constatée par un second appel. Les officiers élèves se rendent, immédiatement après, dans les salles de cours ou d'étude, suivant l'ordre qui a été donné.

66. Chaque jour, à la fin des travaux, dont l'heure est fixée par le tableau de l'emploi du temps, le capitaine de semaine fait faire une sonnerie qui indique aux officiers élèves qu'ils sont libres de sortir de l'école.

67. Pendant toute l'année, la rentrée du soir a lieu à onze heures.

La veille des jours de fête, ainsi que le samedi, la rentrée du soir est fixée à minuit.

68. Il est expressément défendu aux officiers élèves de découcher.

69. Chaque officier élève, en rentrant le soir à l'école, signe son nom lisiblement sur une feuille d'émargement déposée chez le portier-consigne. Sa signature doit être invariable et entièrement conforme à celle qu'il a adoptée à son entrée à l'école. A l'heure fixée pour la rentrée, l'officier de semaine doit viser cette feuille. Il signale, dans son rapport du lendemain, les officiers élèves qui ont été en retard.

70. Il est défendu aux officiers élèves d'introduire ou de recevoir aucune femme dans l'école, de tirer des

armes à feu, de proférer des cris, de se livrer à aucun jeu ou exercice qui puisse incommoder leurs camarades ou les autres personnes de l'école; enfin de manquer, de quelque manière que ce soit, à la décence, à la propreté, au bon ordre qui doivent exister dans l'établissement.

71. Après dix heures et demie du soir, les officiers élèves ne doivent conserver chez eux aucun étranger, ni même se réunir entre eux sans une autorisation du général commandant.

72. Le général commandant fixe, suivant les saisons, l'heure de la sortie pour les dimanches matin et les jours de fête.

Il n'est fait d'appel, le dimanche et les jours de fête, que lorsque l'ordre en est donné.

CHAPITRE V. — *Service de santé.*

73. Tout officier élève, qui, pour cause d'indisposition ou de maladie, ne peut faire son service, en fait prévenir, au premier appel du matin, le capitaine de semaine, et ne peut sortir pendant les vingt-quatre heures qui suivent sa déclaration. Son état est constaté par l'officier de santé.

74. La visite journalière de l'officier de santé précède, chaque jour, l'heure fixée pour l'entrée des officiers élèves dans les salles de cours. Si l'indisposition déclarée par un officier élève l'empêche effectivement de faire tout ou partie de son service, l'officier de santé en rend compte sur le registre de santé, et il en est fait mention sur le rapport du jour.

75. Tout officier élève qui aura été, pendant un ou plusieurs jours malade à la chambre est tenu de rentrer à huit heures du soir le jour où il reprend son service.

76. En cas de maladie grave, le général commandant, sur le rapport de l'officier de santé, ordonne le

transport de l'officier élève à l'hôpital militaire affecté à l'école, ou autorise, s'il le juge convenable, son transport chez ses parents, sur leur demande.

CHAPITRE VI. — *Transmission des ordres.*

77. Les ordres du jour et autres sont inscrits sur un registre particulier qui est déposé à la salle du rapport.

Le chef d'escadron chargé du service intérieur en surveille la tenue et la conservation.

78. Chaque division a un registre sur lequel un des officiers élèves copie les ordres. Ce service est fait, à tour de rôle, par chacun des officiers élèves de la division, et dans un ordre inverse à celui de la liste de classement. Le chef de la division en est seul exempt. Les chefs de division remettent, tous les samedis, au capitaine de semaine, le nom de l'officier élève de leur division désigné pour copier les ordres pendant la semaine suivante. En cas d'absence ou de maladie, cet officier élève est remplacé par celui qui le précède sur la liste de classement.

79. Lorsqu'il y a un ordre du jour à communiquer aux divisions, le capitaine de semaine en donne lecture à l'un des appels; il réunit ensuite les officiers élèves désignés pour le copier. Cet officier collationne l'ordre et le certifie conforme à l'original. Chaque registre est ensuite rapporté au chef de la division, qui est chargé de donner connaissance de l'ordre à ceux de ses camarades absents au moment où la lecture en a été faite. Dans le cas où un ordre inscrit sur le registre n'a pas reçu son exécution, le prétexte d'ignorance ne peut être admis.

80. Les chefs de division sont responsables de la tenue et de la conservation du registre d'ordre de leur division.

81. Le chef d'escadron chargé du service intérieur

inspecte les registres des divisions et rend compte des irrégularités qu'il y a remarquées.

82. Les chefs de division font, à leur sortie de l'école, la remise des registres au chef d'escadron chargé du service intérieur.

CHAPITRE VII. — *Police des salles d'étude.*

83. Les officiers élèves ne peuvent s'occuper, dans leurs salles d'étude, que de travaux graphiques, de mémoires et de rédactions de leçons.

84. Toute correspondance particulière, toute lecture ou occupation étrangères à ces objets sont formellement interdites.

85. Les ouvrages étrangers aux travaux qui se trouvent dans les salles de cours ou les salles d'étude pendant les séances sont saisis par les officiers de service, et remis au général commandant, qui les fait rendre, s'il le juge convenable, aux officiers élèves auxquels ils appartiennent, à leur sortie de l'école.

86. Tout officier élève est tenu de travailler à la table qui lui a été assignée et sur laquelle son nom a été inscrit.

Les officiers élèves ne peuvent, sous aucun prétexte, retirer de leur cadre les dessins-modèles qui ont été placés dans les salles d'étude. Les modèles détériorés ou perdus sont remplacés à leurs frais.

87. Il est défendu d'avoir, dans les salles, aucune conversation ou discussion à haute voix, de s'y faire apporter à manger, et, en général, d'y rien faire qui puisse troubler la tranquillité. Il est défendu de former des groupes autour des tables, des poêles ou dans tout autre endroit des salles, à moins que ce ne soit pour entendre des explications données par des officiers ou des professeurs.

88. Il est défendu d'aller d'une salle dans une autre ou dans sa chambre, pendant la durée des études, sans

la permission de l'officier de service. Si un officier élève est obligé de se retirer pour cause d'indisposition, il en prévient l'officier de service, qui en donne immédiatement avis au capitaine de semaine. Les officiers élèves appelés à des examens doivent également informer l'officier de service du motif de leur absence.

89. Aucun officier élève ne doit serrer son travail ni quitter les salles d'étude avant que l'officier de service ait fait connaître que la séance est levée.

90. L'officier de service ne permet jamais qu'aucune discussion s'établisse entre lui et les officiers élèves; les ordres qu'il donne doivent être immédiatement exécutés.

CHAPITRE VIII. — *Mode d'exécution des travaux dans les salles d'étude.*

91. Tout travail d'un officier élève, soit dessin, soit rédaction, doit être entièrement fait de sa main, signé de lui, et en tout conforme aux programmes, instructions ou modèles. Aucun dessin ou travail graphique ne peut être fait hors des salles sans la permission du directeur des études.

92. Tout dessin qui, devant être exécuté par un officier élève, sera reconnu comme ayant été calqué, comptera pour zéro.

Lorsque deux dessins ou mémoires offriront une telle conformité qu'on pourra décider que l'un des deux a été copié sur l'autre, les deux travaux compteront pour zéro. Les officiers élèves qui les auront présentés subiront, en outre, telle punition disciplinaire que le général commandant l'école jugera à propos de leur infliger.

93. Lorsqu'un travail a été distribué, les officiers élèves, pendant leur présence dans les salles d'étude, doivent s'en occuper exclusivement aux jours et heures fixés par le tableau de l'emploi du temps.

4.

94. L'époque de la remise de chacun des travaux est indiquée par des ordres particuliers donnés par suite du rapport des professeurs.

95. Les travaux doivent, à l'époque fixée, être remis par les officiers élèves, soit au professeur, soit au professeur adjoint du cours auquel ils ressortissent. Ces professeurs les visent et les classent, après en avoir constaté la remise sur un registre spécial.

96. Si un travail est resté incomplet sans cause de maladie ou d'absence légale, il est apprécié dans l'état où il se trouve, et sa cote est réduite en conséquence. Mention en est faite, sur le travail même, par le professeur.

97. En cas de maladie constatée par l'officier de santé de l'école ou d'absence légale, un délai est accordé à l'officier élève pour terminer ses travaux. Cependant le général commandant l'école peut, sur le rapport du professeur, exempter l'officier élève d'une partie de son travail, lorsque la partie exécutée donne une mesure suffisante de sa capacité ; dans ce dernier cas, le travail est coté comme s'il était complet.

98. Un officier élève dont les examens ou les travaux ne sont pas satisfaisants peut être soumis à la consigne ; cette consigne consiste dans l'obligation de rester à l'école, pour travailler, les dimanches et les jours de fête, ou de rentrer à l'école les autres jours à huit heures du soir, selon que le prescrit le général commandant.

99. Lorsqu'un officier élève, mis en retard par une absence légale ou une maladie, revient dans les salles, il ne peut reprendre les travaux pour lesquels il lui a été accordé un délai, qu'après avoir terminé le travail courant.

100. Lorsqu'un travail graphique a été terminé avant l'époque fixée, l'officier élève qui l'a remis peut s'occuper de travaux relatifs aux autres cours.

CHAPITRE IX. — *Travaux extérieurs.*

101. Au moment où les travaux extérieurs doivent commencer, le général commandant désigne les officiers qui sont chargés de la direction et de la surveillance des officiers élèves pendant leur absence de l'école. Il règle également les dispositions de toute espèce relatives à ces travaux, et la durée de chacun d'eux.

102. Les officiers élèves qui, sans motifs valables, ne se trouvent pas aux lieux désignés pour les travaux extérieurs sont punis sévèrement.

103. Les officiers élèves reçoivent une indemnité proportionnée à la nature et à la durée des travaux qu'ils ont à exécuter ; au moyen de cette indemnité, ils doivent pourvoir à leurs frais de logement, de route, au salaire des journaliers et aux autres menues dépenses nécessaires à l'exécution de leurs travaux. Ils sont responsables de la conduite des individus qu'ils emploient.

CHAPITRE X. — *Équitation, chevaux et détachements du manége, escrime.*

104. L'instruction à cheval, partagée en travail académique et en travail militaire, est dirigée par le chef d'escadron écuyer en chef, qui y prend lui-même une part active, avec le concours du capitaine instructeur et de l'écuyer adjoint.

Le travail militaire comprend l'école du cavalier à cheval, l'école de peloton à cheval, l'école d'escadron, au moyen de files d'encadrement et les évolutions de régiment ; les officiers élèves sont aussi exercés à brider, à seller et à paqueter.

L'écuyer en chef fait à chaque division un cours d'hippologie, avec applications diverses aux signalements, au ferrage, au dressage des chevaux, etc., etc.

105. L'écuyer en chef est spécialement chargé du

classement, de la répartition, de la direction et de l'instruction des chevaux, ainsi que de la surveillance de l'infirmerie et de la forge, confiées aux soins immédiats du vétérinaire.

Sa surveillance s'étend à ce qui peut intéresser l'hygiène et la santé des chevaux ; il se concerte, à ce sujet, avec le vétérinaire, et prescrit, d'accord avec lui, les modifications qu'il peut être nécessaire d'apporter au régime alimentaire.

Il donne avis de ces prescriptions au chef d'escadron d'état-major, chargé du service intérieur.

Le maître et les sous-maîtres de manége, les sous-officiers, brigadiers et cavaliers sont sous les ordres de l'écuyer en chef, pour tout ce qui concerne le service spécial dont il est chargé à l'école.

En cas d'absence ou de maladie, cet officier supérieur est suppléé par le plus ancien des officiers sous ses ordres.

106. Toutes les fois que, dans l'intérêt de son service, l'écuyer en chef a quelques modifications à proposer à l'ordre établi, il s'adresse au colonel commandant en second, qui prend les ordres du général commandant.

107. Les officiers élèves font, auprès des détachements du manége, et à tour de rôle, le service d'officier de semaine, tel qu'il est réglé au chapitre XIII de l'ordonnance du 2 novembre 1833 sur le service intérieur des troupes à cheval.

Ils sont placés, pour ce service, sous la surveillance du capitaine de semaine, faisant fonctions d'adjudant-major.

108. A l'époque des examens de fin d'année, et lorsque les officiers élèves sont absents de l'école, l'officier commandant le détachement de cavaliers de remonte et l'adjudant maître de manége alternent pour le service de semaine au quartier, sous la direction du **capitaine de semaine.**

109. Les leçons d'escrime sont obligatoires. Les officiers élèves sont tenus de se pourvoir des objets nécessaires.

Il y a une salle d'escrime dans l'intérieur de l'école; nul étranger ne peut y être admis.

Les élèves ne peuvent prendre de leçons ni se livrer à cet exercice dans les chambres ou corridors.

CHAPITRE XI. — *Bibliothèque.*

110. La bibliothèque de l'école est ouverte tous les jours, pendant le temps consacré à la sortie du matin pour le déjeuner.

111. Le bibliothécaire remet aux officiers élèves, sur leur reçu, les ouvrages dont ils peuvent avoir besoin pour leurs travaux ou pour leur instruction particulière; les cartes ne leur sont confiées que sur la demande écrite des professeurs.

112. Les ouvrages et les cartes détériorés ou perdus par les officiers élèves sont réparés ou remplacés à leurs frais, d'après les ordres du général commandant.

CHAPITRE XII. — *Fournitures des objets relatifs aux études.*

113. L'administration de l'école fournit aux officiers élèves les papiers, plumes, crayons, colle à bouche et autres objets nécessaires à leurs travaux. Les fournitures ordinaires sont réglées, pour chaque officier élève et par année, de la manière suivante :

Treize mains de papier couronne;
Soixante-quinze plumes à écrire;
Soixante quinze plumes à dessin;
Dix-huit crayons de Conté;
Huit morceaux de colle à bouche;
Quatre morceaux de gomme élastique.
Les papiers d'épure, papiers à laver, papiers et

crayons à dessiner sont fournis, à mesure de la consommation, sur la demande des professeurs.

114. Lorsqu'un officier élève demande du papier ou quelques-uns des autres objets ci-dessus mentionnés, en sus de la quantité accordée, on les lui fournit sur un bon signé de sa main, et dont le montant lui est retenu, à la fin du trimestre, sur sa solde.

115. Les officiers élèves sont tenus de se procurer, à leurs frais, l'étui de mathématiques, les règles, les équerres, doubles décimètres, cartons, encriers et autres objets non mentionnés dans les articles précédents.

116. Les ouvrages nécessaires à l'instruction et d'un usage journalier sont distribués aux officiers élèves à l'époque de leur entrée à l'école. La retenue de leur valeur en est faite, en un ou plusieurs mois, sur leur solde. Ceux des officiers élèves qui justifient qu'ils possèdent ces ouvrages ne sont pas obligés d'en prendre de nouveaux.

A des époques déterminées par le directeur des études, il est fait une revue de tous les livres spécifiés ci-dessus, ainsi que de l'étui de mathématiques et des autres objets dont tout officier élève doit être pourvu. Les officiers élèves sont tenus de faire réparer ou de remplacer, dans le délai qui leur est fixé, les objets détériorés ou manquants.

117. Tous les instruments nécessaires pour l'exécution des travaux extérieurs sont remis aux officiers élèves par le conservateur du mobilier, sur un état d'émargement signé par eux. Les officiers élèves sont responsables des dégradations et de la perte des instruments qui leur ont été confiés.

118. Le conservateur des instruments constate leur état, en présence des officiers élèves qui lui en font la remise, et dresse, à la fin du troisième trimestre, l'état des pertes et dégradations qui sont à leur charge ; cet état est vérifié par le directeur des études. D'après

l'ordre du général, la dépense en est prélevée sur la solde des officiers élèves qu'elle concerne ; mais si les retenues à exercer sont considérables, elles sont réparties sur le traitement de plusieurs mois.

119. Le mobilier des salles d'étude, de la bibliothèque et des autres pièces fréquentées par les officiers élèves est réparé à leurs frais, lorsque les dégradations proviennent de leur fait ou de leur faute.

CHAPITRE XIII. — *Permissions.*

120. Il n'est accordé aux officiers élèves de congé ou de permission d'absence que pour des motifs urgents et dont ils sont tenus de justifier.

121. Les permissions d'absence sont accordées par le général commandant, et n'excèdent jamais le terme de huit jours.

Lorsque l'absence doit être de plus de huit jours, elle est autorisée par un congé. Dans ce cas, la demande en est faite au Ministre par le général commandant.

122. Les permissions pour sortir de l'école pendant la durée des travaux ou pour découcher, ainsi que toute prolongation pour le soir, ne sont accordées que par le général commandant.

123. Toute demande de permission ou de congé doit parvenir hiérarchiquement au général commandant ; à cet effet, elle est remise par l'officier élève au capitaine de semaine.

CHAPITRE XIV. — *Punitions.*

124. Conformément à l'article 328 de l'ordonnance du 2 novembre 1833, sur le service intérieur des troupes de cavalerie, sont réputés fautes contre la discipline et et punis comme telles, suivant leur gravité :

Tout murmure, mauvais propos ou défaut d'obéissance, l'infraction des punitions, le dérangement de conduite, les dettes, le manque aux appels, aux différents services, les contraventions aux ordres et aux règlements, enfin toute faute contre le devoir militaire, provenant de négligence, de paresse ou de mauvaise volonté.

Les fautes sont toujours plus graves quand elles sont réitérées, et surtout quand elles sont habituelles.

125. Les punitions pour infraction ou pour toute autre faute non prévue sont : les arrêts simples, les arrêts de rigueur avec ou sans factionnaire, et la prison militaire. Des rapports particuliers sont adressés au Ministre pour les fautes graves, de nature à entraîner le renvoi de l'école.

126. Les arrêts simples peuvent être infligés aux officiers élèves par tous les officiers employés à l'école.

L'officier élève aux arrêts simples est tenu de garder sa chambre. Il n'est exempt d'aucun travail ou service.

127. Les arrêts de rigueur entraînent l'exclusion des salles d'étude et de cessation de tout service.

Lorsque les arrêts de rigueur sont ordonnés avec factionnaire, l'indemnité prescrite par les règlements militaires est payée à qui de droit, et la retenue en est faite sur la solde de l'officier élève puni. Le capitaine de semaine notifie les arrêts de rigueur à l'officier élève auquel ils sont infligés ; il place, s'il y a lieu, le factionnaire à sa porte, reçoit son épée et la remet au général commandant.

Il est établi, si les locaux le permettent, une salle d'arrêts pour ceux des officiers élèves qui ne sont pas logés seuls.

128. Conformément à l'article 337 du règlement sur le service intérieur des troupes, l'officier élève qui viole ses arrêts est puni de la prison.

L'officier élève puni de la prison y est conduit par le capitaine de semaine, qui remet l'ordre d'entrée au geôlier et le reçu de ce dernier au général commandant l'école.

129. Tout officier élève sortant des arrêts ou de prison doit, conformément à l'article 336 du règlement sur le service intérieur des troupes, se présenter chez l'officier par l'ordre duquel il a été puni, et le faire avec toute la décence convenable, sous peine de punition plus sévère.

CHAPITRE XV. — *Police extérieure.*

130. Les officiers élèves doivent le salut aux officiers de toutes armes d'un grade supérieur au leur, revêtus de leurs marques distinctives, ainsi qu'à leurs professeurs.

131. Hors de l'école, les officiers élèves sont soumis à tous les règlements militaires de la garnison. En cas de tumulte ou de désordre dans un lieu public, les officiers élèves doivent s'en éloigner sur-le-champ.

132. Tout officier élève contre lequel il est porté plainte pour dette au général commandant est mis aux arrêts et privé de la partie de sa solde déterminée par les règlements, jusqu'à ce que la dette ait été complétement acquittée. S'il a souscrit des billets à ordre ou à échéance, et que ni lui ni sa famille n'y puissent faire honneur, il est mis aux arrêts de rigueur, et il en est rendu compte au Ministre.

133. Tout jeu de hasard est formellement défendu aux officiers élèves, soit dans l'intérieur, soit hors de l'école.

CHAPITRE XVI. — *Sortie de l'école.*

134. Après les examens de sortie, tous les officiers élèves qui composent la première division et qui doivent quitter l'école restent soumis aux dispositions du présent règlement, jusqu'à ce qu'ils aient été autorisés à partir pour leur nouvelle destination.

135. Les décomptes définitifs de leur solde et leurs livrets ne leur sont délivrés qu'après qu'ils ont remis

tous les effets de casernement et tous les instruments et livres appartenant à l'école qui leur ont été confiés.

TITRE IX. — DISPOSITION FINALE.

136. Les règlements antérieurs de l'école impériale d'application d'état-major sont et demeurent abrogés.

Paris, le 20 janvier 1870.

Le Ministre Secrétaire d'État de la guerre,

G^{al} LE BOEUF

NOTE

DES EFFETS D'HABILLEMENT, D'ARMEMENT
ET DE HARNACHEMENT,
DES LIVRES ET INSTRUMENTS NÉCESSAIRES A TOUT
OFFICIER ÉLÈVE A L'ÉCOLE D'APPLICATION.

TITRE Ier. — HABILLEMENT.

Art. 1er. *Tunique*. Confectionnée entièrement en drap bleu foncé.

2. *Corsage*. Fermant sur la poitrine au moyen de deux revers croisant l'un sur l'autre et arrêtés de chaque côté par une rangée de sept gros boutons d'uniforme également espacés entre eux. La distance horizontale entre ces deux rangées de boutons est de 120^{mm} en haut et de 100^{mm} au bas, mesurée de centre en centre des boutons. Elle est de 110^{mm} à la hauteur de ceux du milieu. Les boutonnières correspondantes sont en drap et leur tête est à 15^{mm} en dedans du bord des revers.

La coupe et la longueur du corsage sont telles que son bord inférieur affleure sur tous les points la ligne du bas du ceinturon reposant exactement sur les hanches.

Il est très-légèrement rembourré en avant du dessous des bras. Le bord de chaque revers est passe-poilé en drap bleu du fond et sa pointe supérieure rentrée de 10^{mm} est légèrement arrondie. Le revers n'est pas du même morceau que le devant ; il forme ce que les tailleurs nomment une anglaise. Le bord extérieur qui porte les boutonnières est coupé en ligne droite. L'autre bord, qui est rapporté au corsage par une couture verticale sur le milieu de la poitrine, est cintré en dehors, de manière à donner à sa partie supérieure toute l'ampleur nécessaire. Le bord du devant qui se raccorde avec l'anglaise est également convexe. Mesuré (étant confectionné) entre la couture d'assemblage et le passe-poil placé à 15ᵐᵐ en dehors de la tête des boutonnières, le revers doit avoir 80ᵐᵐ de haut, 85ᵐᵐ à sa partie bombée et 65ᵐᵐ à son raccordement avec la jupe. Un droit fil en toile est placé intérieurement à l'endroit du cran.

3. *Dos.* Le dos est d'un seul morceau.

4. *Jupe.* En drap du fond, formée de deux pans, chacun de deux morceaux, un devant et un derrière assemblés par une couture verticale, dans le prolongement de celle du dos, du même côté. Le devant de jupe présente dans son tracé une surface circonscrite par deux courbes concentriques, dont celle du haut, concave, se raccorde avec le corsage. Elle a pour la taille moyenne 50ᵐᵐ de flèche sur 440ᵐᵐ environ de corde. Celle du bas est convexe et a, en moyenne, 100ᵐᵐ de flèche sur 770ᵐᵐ de corde.

Les deux autres bords sont droits. Celui de devant qui continue le bord vertical du corsage est, comme lui, passe-poilé en drap bleu foncé et parementé de même sur 60ᵐᵐ de largeur en haut et 30ᵐᵐ au bas. L'autre bord vertical est assemblé avec le derrière du pan qui a 50ᵐᵐ de largeur apparente en haut et 90ᵐᵐ au bas à compter du pli d'assemblage. Le bord libre du derrière du pan est simplement remplié en dessous de 15ᵐᵐ environ et piqué en soie sur le dehors.

Le bas de la jupe doit, pour toutes les tailles, arriver à 240ᵐᵐ environ de terre, l'homme étant à genoux.

5. La couture d'assemblage des deux pans de jupe est ornée d'une patte à la soubise en drap du fond et

qui présente en haut une tête à trois pointes avec un gros bouton d'uniforme au milieu, et plus bas une pointe saillante sur le derrière et portant aussi un gros bouton.

Un passe-poil en drap bleu foncé règne autour de cette patte, sauf du côté qui se raccorde avec le devant de jupe où le passe-poil ne descend que jusqu'à hauteur du centre du bouton.

> Hauteur de la soubise depuis le sommet de la tête jusqu'à la pointe saillante du bas. 130ᵐᵐ
> Largeur de la tête. 040
> Largeur de la pointe saillante au deuxième bouton. 030
> Largeur entre la tête et cette dernière pointe.. . 045
> Largeur au-dessous de cette pointe et jusqu'en bas. 040

La pointe supérieure de cette soubise est doublée en drap du fond et n'est point appliquée contre le corsage pour que le ceinturon puisse reposer, sans masquer cette pointe, sur les deux autres de la soubise qui sont fortement arrêtées au niveau de la tige du bouton.

6. Les deux pans de jupe sont montés de manière à croiser l'un sur l'autre de 150ᵐᵐ environ par le bas en avant. Par derrière, le pan de gauche recouvre celui de droite de 45ᵐᵐ par le haut où il forme un cran de 20ᵐᵐ pris dans la couture de ceinture et consolidé par un passement intérieur pour prévenir les déchirures. Au bas, ces pans se croisent de 70ᵐᵐ environ.

Pour que la jupe soit toujours coupée à poil descendant dans sa partie antérieure, il y est mis par derrière un chanteau proportionné à la largeur du drap et rapporté à couture rentrée.

Les deux boutons placés au centre de la tête des soubises doivent être éloignés l'un de l'autre de 75ᵐᵐ de milieu en milieu.

7. Une *patte de ceinture*, à trois pointes par le haut, en drap du fond, passe-poilée de même, est placée

sur le côté gauche à l'aplomb de l'aisselle. Son pied est pris dans la couture d'assemblage de la jupe. Sa tête est percée d'une boutonnière faite en drap pour recevoir un petit bouton d'uniforme cousu sur le corsage qui, en cet endroit, est renforcé par une rondelle en cuir appliquée sur la doublure.

La patte est doublée en drap du fond et, de plus, à partir du bas de la boutonnière, elle est garnie d'une bande en veau noirci de toute la largeur de la patte, longueur 100^{mm} et qui, après avoir été solidement arrêtée au bas, remonte contre le corsage, jusqu'au-dessous du bouton à 50^{mm} environ.

```
Hauteur apparente de la patte. . . . . . . . . . 110mm
Largeur de la tête mesurée aux pointes. . . . . . 045
Largeur de la tête au milieu et au bas. . . . . . 030
```

La position de cette patte plus ou moins en avant est réglée d'après la construction de l'homme en se conformant à ce qui est prescrit par l'art. 169 du règlement du 2 décembre 1867 sur l'uniforme de l'infanterie de ligne.

8. Sur le derrière de chaque pan de jupe est une poche dont l'entrée verticale (hauteur 200^m) est en dessous et parementée en drap.

```
Profondeur en contre-bas de la fente. . . . . . . 120mm
Largeur au bas. . . . . . . . . . . . . . . . . . 160
```

Au-dessous de son entrée, le bord de la poche est cousu jusqu'au bas contre la couture d'assemblage des pans de jupe.

9. *Collet*. En drap bleu du fond avec passe-poil du même drap (hauteur 40^{mm}). Il est abattu de chaque côté par devant de 30^{mm} et son angle est arrondi suivant un arc de 32^{mm} de rayon.

Le collet est orné de chaque côté d'un foudre sans bombe, brodé d'or en frisure et paillettes sur drap bleu foncé.

Au pied est une agrafe. Doublure bleue. Il doit reposer sur les clavicules et être assez long pour ne jamais gêner l'homme.

10. *Manches.* D'une longueur telle que, l'homme ayant les bras tendus horizontalement, le bord interne du parement arrive au pli du poignet contre la main. Leur largeur doit permettre avec facilité tous les mouvements du bras et le poing fermé doit pouvoir passer par leur ouverture inférieure. Elles n'ont ni fentes ni boutons. Elles se terminent par un parement droit en drap du fond passe-poilé de même sur son bord supérieur seulement.

Largeur des manches.

En haut.. . . . . 200^{mm}
A la saignée. 190
Au poignet.. 150

Parements.

Hauteur apparente. . . . . 070^{mm}
Rempli en dedans de l'ouverture. 020

11. *Brides.* Brodées en or, cannetilles et paillettes d'or sur drap bleu formant passe-poil.

Longueur.. . . . . 090^{mm}
Largeur totale. 015

Elles doivent être cousues sur le vêtement de manière que l'épaulette soit placée bien droite sur l'épaule sans incliner en avant ni en arrière, le haut de la patte à environ 10^{mm} de la couture d'encolure et les brides appuyant exactement par leurs deux extrémités contre les tournantes du contour d'écusson.

Le rembourrage de la doublure doit être tel que l'écusson soit horizontal et ne relève jamais.

Un petit gousset en drap est cousu sur chaque épaule pour recevoir l'agrafe de l'épaulette.

12. *Boutons.* Demi-bombés, en cuivre doré ou bruni et mat portant pour empreinte un casque de forme an-tique traversé d'une épée et entouré d'une branche de chêne et d'une branche de laurier; une bordure lisse et plate de 1^{mm} 1/2 environ encadre le bouton dont le champ est gravé de hachures horizontales :

Diamètre des gros. . . . . 022^{mm}
Diamètre des petits.. 016
Flèche de convexité des gros. 005
Flèche de convexité des petits. 003

Cette tunique sert de grande tenue aux officiers d'état-major en remplacement de l'habit qui est sup-primé.

13. *Pantalon.* En drap garance demi-large coupé et confectionné comme le pantalon d'ordonnance des offi-ciers de cavalerie, tombant par-dessus la botte et retenu par des sous-pieds en cuir noir. Chaque couture laté-rale extérieure est recouverte d'une bande en drap bleu foncé, remployée et piquée sur ses bords et de 50^{mm} de largeur apparente.

14. Les officiers d'état-major du Ministre et les aides de camp des maréchaux font usage du pantalon garance orné sur chaque couture extérieure de deux galons d'or, façon soubise-hussards cousus parallèlement à 4^{mm} de distance et de 25^{mm} de large chacun.

DOLMAN-PELISSE.

15. Le dolman-pelisse pour officiers d'état-major est confectionné en drap fin bleu foncé. Sa longueur est telle qu'il descende à 200^{mm} au-dessous des han-ches et ne puisse jamais s'engager sous la selle. Il se ferme droit sur la poitrine, le côté gauche s'engageant sous le droit de 50^{mm} environ dont 40 sont fournis par une bande rapportée qui descend jusqu'à la ceinture où elle est arrondie; à partir de ce point le devant suit

sa première largeur de coupe jusqu'au bas où il est arrondi sur un rayon de 40^{mm} environ.

16. Le corsage et les manches sont doublés en satin de chine noir.

17. *Le collet*, confectionné en drap du fond, est droit, légèrement arrondi à ses extrémités et encadré par un galon de 15^{mm} environ de largeur.

Sur l'épaule droite, à environ 6^{mm} au-dessus de la couture d'emmanchure, est pratiquée une ouverture de 70^{mm}, recouverte d'un galon à la soubise solidement arrêté aux extrémités. Elle est destinée au passage de la patte de l'aiguillette qui se fixe à un bouton en os cousu à l'intérieur sur un carré de peau verni appliqué à même la doublure pour servir de contrefort à la tension de l'aiguillette.

Les manches coupées d'un seul morceau se terminent par un parement amarante bordé d'un galon, dit à la soubise-hussard, largeur 20^{mm}. La hauteur du parement à la pointe est de 50^{mm} et celle courante de 20^{mm}.

18. La fermeture s'effectue au moyen de cinq brandebourgs de tresse carrée en poil de chèvre noir de 6^{mm} de grosseur.

Ils forment sur chaque devant cinq rangées faites de quatre brins de tresse réunis. Le brandebourg du haut est posé à 30^{mm} environ au-dessous de l'encolure et celui du bas à hauteur de la taille. Ils sont également espacés entre eux et décrivent sur la poitrine des lignes parallèles et légèrement cintrées.

Les brandebourgs sont cousus en plein sur la poitrine.

Des olives guipées à points de Milan sont fixées à la naissance des trèfles pour former l'encadrement. Chaque extrémité des brandebourgs du côté gauche présente un œil formant boutonnière et destiné à recevoir l'olive placée à l'extrémité des brandebourgs de droite correspondants.

5.

19. Les devants et les extrémités inférieures du dolman sont encadrés d'un galon, façon dite à la soubise, en poil de chèvre de 20ᵐᵐ de largeur. Un galon semblable dessine les deux coutures verticales du dos jusqu'au bas; sur ce galon, à 150ᵐᵐ au-dessus du bas, est formée une rosace du même galon; l'une de ses branches, celle externe, va se perdre à 50ᵐᵐ sous l'encadrement (mesuré en dedans du triangle). L'autre va rejoindre à la même distance celle du côté correspondant pour y former avec elle la pointe d'un V. Ces galons sont simples pour les grades de sous-lieutenant et de lieutenant, doubles pour le grade de capitaine et triples pour les officiers supérieurs.

20. Sur chaque côté des devants le dolman-pelisse est pourvu :

1° De trois poches dont une est dissimulée par le deuxième brandebourg du haut : son ouverture qui est de 90ᵐᵐ suit exactement le contour supérieur de ce brandebourg. Les deux autres coupées en sens oblique sont placées entre la pique dessinée sur les côtés et les extrémités des brandebourgs du bas; leur ouverture de 160ᵐᵐ de longueur est garnie d'un double galon à la soubise.

2° A l'intérieur, à droite et à gauche du vêtement, deux poches dites à portefeuilles, d'une profondeur de 270ᵐᵐ au moins, sont également pratiquées dans la doublure.

21. Le dolman pelisse est parémenté en drap du fond; sur le devant de gauche le parémentage a une largeur de 60ᵐᵐ depuis le haut jusqu'à la ceinture, et au-dessous il va croissant de 35ᵐᵐ à 50ᵐᵐ. Celui du devant de droite a 60ᵐᵐ dans toute son étendue. Il n'existe pas de parémentage dans le bas du dolman.

22. Les marques distinctives des grades consistent, pour chaque manche, dans un trèfle formé de soutache d'or de 3ᵐᵐ de largeur (sauf le mélange de soutache d'argent pour le grade de lieutenant-colonel). Cette

soutache fait le tour du galon qui encadre le parement amarante et ses extrémités vont se perdre dans la couture de la manche. Les deux premières boucles du trèfle décrivent chacune un ovale et celle du haut se prolonge en pointe comme le nœud hongrois.

Les dimensions de ce trèfle varient selon le grade, savoir :

	LARGEUR MAXIMA des boucles ovales.	HAUTEUR DU TRÈFLE mesurée au-dessus du bas de la manche.
Pour le grade de sous-lieutenant .	0^m035^{mm}	0^m230^{mm}
— lieutenant.	0 042	0 235
— capitaine.	0 042	0 255
— chef d'escadron. .	0 057'	0 275
— colonel.	0 060	0 295

23. Cette pelisse peut recevoir pour l'hiver une fourrure intérieure et extérieure en agneau d'astrakan noir.

GILET.

24. En drap bleu coupé droit et fermant sur la poitrine au moyen de neuf petits boutons d'uniforme.

CHAPEAU.

25. Du modèle général, bordé d'un galon de soie noire à festons et à crête et représentant deux guirlandes enlacées. Ce galon est cousu à cheval sur son milieu et retombe par parties égales sur les deux faces du chapeau ; sa largeur apparente, sur chaque face,

mesurée aux saillants des festons, est de 55ᵐᵐ, non compris les crêtes de 7ᵐᵐ environ.

26. *Ganse* formée de trois torsades en or mat (diamètre 7ᵐᵐ) redoublées autour d'un gros bouton d'uniforme dont le centre est placé à 25ᵐᵐ au-dessous du pli inférieur du chapeau.

Cette ganse s'incline à droite de manière que son milieu aille rencontrer le bord supérieur du chapeau à 100ᵐᵐ de cet axe vertical.

A l'endroit où s'attache la ganse, le chapeau est garni d'un gousset porte-plumet en veau noirci.

27. *Cocarde.* En poil de chèvre et argent ; diamètre 50ᵐᵐ ; la zone extérieure (largeur 6ᵐᵐ) est écarlate ; la suivante de même largeur est blanche en argent ; le centre de la cocarde est bleu foncé.

Hauteur du chapeau, devant.	110ᵐᵐ
Hauteur du chapeau, derrière..	160
Longueur de chaque aile.	140
Largeur des ailes au bout.	070
Flèche de cambrure des ailes, devant..	030
Flèche de cambrure des ailes, derrière.	025
Centre du bouton de la ganse au-dessus du pli inférieur du chapeau.	025
Position de ce centre sur l'axe du chapeau. . . .	»
Distance de la ligne du milieu de la ganse à cet axe..	»
Mesurée sur le bord (inclinaison de la ganse).. .	120

28. Ce chapeau se porte toujours de la même manière dite en colonne, l'aile ornée de la cocarde en avant.

A cheval il peut être maintenu par une mentonnière en cuir verni noir (largeur environ 20ᵐᵐ) fixée intérieurement à la forme du chapeau et qui n'est point habituellement apparente.

BONNET-KÉPI.

29. **Du modèle général.** Se compose d'un bandeau

en drap bleu foncé, d'un turban en quatre pièces verticales et d'un rond ou calot, le tout en drap amarante.

30. *Visière*. Coupée carrément, à angles arrondis en cuir verni noir, doublée en dessous en maroquin vert et bordée d'un petit jonc en cuir verni mince. Elle est posée de manière à être inclinée de 25 degrés au-dessous de l'horizon quand l'homme est coiffé.

31. *Calot*. Légèrement renfoncé dans le turban qui présente une saillie de 10^{mm}.

32. Un nœud hongrois formé d'une soutache en or de 3^{mm} de largeur en occupe le milieu. Une semblable soutache entoure la circonférence du calot à sa jonction avec le turban dont les coutures verticales sont également recouvertes de soutaches. Elles sont simples pour les grades de sous-lieutenant et de lieutenant, doubles pour capitaines et forment trois rangs pour les officiers supérieurs.

33. Le nombre des brins de soutaches qui surmontent le bandeau correspond avec le grade de l'officier.

34. *Bandeau*. En drap bleu foncé, hauteur 35^{mm}.

35. *Coiffe intérieure et mentonnière*. Le bonnet képi est garni d'une coiffe intérieure et d'une mentonnière en cuir verni de 15^{mm} de large.

MANTEAU.

36. Confectionné en drap bleu foncé. Doublé en plein corsage et pans en satin de chine noir, sauf la partie antérieure des devants qui est paramentée en drap du fond sur une largeur de 0^{m}200^{mm} en haut et de 0^{m}050^m en bas. Ce paramentage peut être de plusieurs morceaux solidement cousus.

37. *Devants*. Leurs bords antérieurs coupés en ligne droite sont dans toute leur longueur rempliés, rabattus et piqués ensuite derrière le rempli. Ils

croisent sur la poitrine au moyen de six gros boutons d'uniforme de chaque côté, également espacés entre eux d'environ 100ᵐᵐ selon la taille de l'homme et dont le premier reçoit la pointe supérieure du revers. Boutonnières correspondantes. La croisure est telle que, le manteau étant boutonné, les deux rangées de boutons dessinent sur la poitrine deux lignes verticales espacées entre elles de 130ᵐᵐ en haut et de 120ᵐᵐ en bas. La longueur des devants doit être telle que les bords inférieurs du manteau tombent à 330 ᵐᵐde terre, l'homme étant debout. Leur développement mesuré en ligne droite est de 730ᵐᵐ environ. A chaque angle inférieur des devants est pratiquée une boutonnière percée obliquement, paramentée en drap et servant à relever au besoin le pan du manteau à l'aide d'un bouton d'uniforme correspondant placé sur le derrière de la taille à la naissance des martingales.

38. *Dos.* Formé de deux pièces réunies par une couture verticale au milieu. Elle laisse au bas une fente de 580ᵐᵐ environ selon la taille, se fermant à volonté au moyen de 4 boutons et d'un même nombre de boutonnières correspondantes dans une sous-patte non apparente.

Dans le haut du dos existe un pli crevé de 100ᵐᵐ de développement arrêté dans la couture d'assemblage de l'encolure avec le collet.

39. Dans chaque couture d'assemblage des devants avec le dos, à hauteur de la taille et à environ 0ᵐ220ᵐᵐ de distance de la couture d'emmanchure, est pratiquée une ouverture de 0ᵐ060ᵐᵐ de longueur donnant passage à une martingale en drap, doublée du même avec tête arrondie. Chaque martingale doit avoir 60ᵐᵐ de largeur sur 260ᵐᵐ de longueur apparente. Elles sont fortement arrêtées à l'intérieur au moyen d'une piqûre faite sur le bord de l'ouverture appartenant à chaque devant.

La martingale de gauche est percée de deux boutonnières faites en drap, la première a environ 0^m015^mm de la naissance, l'autre à 110^mm. La martingale de droite porte deux petits boutons d'uniforme correspondants, et son extrémité est percée d'une boutonnière destinée à fixer la martingale à l'intérieur lorsqu'on n'en fait point usage. A cet effet deux petits boutons d'os sont cousus sur la doublure du vêtement pour recevoir les extrémités des martingales.

40. *Collet.* En drap du fond du vêtement, doublé du même. Ses angles sont légèrement arrondis et se rabattent sur l'encolure. Hauteur partout 130^mm. Il est coupé de manière qu'étant relevé il couvre les oreilles sans gêner en rien les mouvements de la tête. A gauche, sous le collet, existe une petite patte volante en drap du fond, doublée du même. Elle est rectangulaire et arrondie à ses extrémités (longueur 0^m100^mm; largeur 0^m030^mm). Elle est attachée à un petit bouton d'uniforme, cousu à environ 40^mm de l'encolure autour duquel elle pivote à volonté et va se rattacher par son autre extrémité à un second bouton placé à 75^mm au-dessus du premier. Cette patte étant développée sert, au besoin, à maintenir les extrémités du collet lorsqu'il est relevé. A cet effet un bouton d'uniforme est cousu à droite.

Au pied du collet et en dedans est placée une forte agrafe avec sa porte. L'une et l'autre doivent être assujetties avec beaucoup de solidité.

41. *Manches.* D'une seule pièce, avec parements bottes de 200^mm de hauteur, pouvant se relever à volonté. A leur partie supérieure, un fort embu est pratiqué pour recevoir en dedans l'épaulette.

Largeur des manches ployées en deux...
En haut à 100^mm au-dessous de la couture d'emmanchure.	260^mm
A la saignée.	250
Au poignet.	230

Les manches ne portent aucun signe de grade.

42. *Poches.* Le manteau est garni de sept poches.

1° Sur le devant de gauche, à hauteur du 4° bouton, une poche plate dont l'ouverture extérieure horizontale est bordée d'une petite patte de 30ᵐᵐ de haut, percée au milieu d'une boutonnière recevant un petit bouton d'uniforme qui ferme la poche.

2° De chaque côté des devants, un peu au-dessous des hanches, et à hauteur du dernier rang de boutons, existe une poche dont l'ouverture de 180ᵐᵐ est recouverte par une patte volante de même longueur sur 80ᵐᵐ de hauteur et qui se rentre à volonté dans cette poche.

3° Sur les mêmes devants, à l'intérieur du vêtement sont pratiquées dans la doublure deux poches dites à portefeuille.

4° Derrière, de chaque côté, à 25ᵐᵐ en contre-bas du passage de la martingale, existe une double ouverture, hauteur 190 ᵐᵐ. L'une sert d'entrée à la poche, et l'autre, indépendante de la première, donne passage à la main pour s'introduire au-dessous du vêtement. Cette double ouverture est une interruption dans la couture d'assemblage des devants avec le dos. Elle est simplement garnie d'un parementage intérieur en drap du fond.

43. *Collet mobile à capuchon.* Le manteau est complété par l'adjonction d'un collet composé d'une rotonde et d'un capuchon cousu à demeure. Il s'adapte au vêtement à l'aide de cinq boutons placés à la base en dessous du collet et de boutonnières correspondantes pratiquées près la couture d'encolure de la rotonde avec le capuchon.

44. Le tracé de la rotonde présente deux courbes concentriques dont l'une, intérieure, dessine l'encolure et s'ajuste à la base du capuchon, et l'autre détermine le bord inférieur. Sa superficie totale présente un cercle complet. Elle est formée de deux morceaux joints par une couture qui se trouve sur le milieu du dos ; ses bords libres sont dans le prolongement de cette couture sur le tracé. Ils tombent naturellement sur le milieu de la poitrine.

45. Celui de gauche est percé de quatre boutonnières faites en drap, la première à 50^{mm} au-dessous de l'encolure, celui du bas à 140^{mm} environ du bord inférieur. Ces boutonnières sont également espacées entre elles et le bord de droite est garni de quatre boutons d'uniforme correspondants. L'encolure et les devants de la rotonde sont parementés en drap sur une largeur aux devants de 120^{mm} en haut et 40^{mm} au bas, à l'encolure de 120^{mm}. Une forte agrafe et sa porte sont cousues à l'encolure.

46. Le capuchon en deux morceaux est arrondi à son sommet ; sa base est cousue à demeure à l'encolure de la rotonde.

L'intérieur du capuchon est doublé comme le manteau en satin de chine noir.

47. Une petite patte volante en drap, doublée du même, longueur 100^{mm}, largeur 30^{mm} environ, est attachée près du bord gauche du capuchon à un bouton noir autour duquel elle pivote à volonté et va se rattacher par son autre extrémité à un second bouton noir placé à 75^{mm} au-dessus du premier.

Cette patte étant développée, sert au besoin à fermer le capuchon sous le menton. A cet effet, un bouton correspondant est cousu à droite.

BOTTES.

48. De la forme ordinaire avec éperons en cuivre vissés sur les talons et du modèle de la cavalerie légère.

COL.

49. En soie noire avec liséré blanc.

GANTS.

50. En peau de daim blanchie.

ACCESSOIRES DE LA GRANDE TENUE.

ÉPAULETTES.

51. Sont celles du grade dont l'officier est revêtu et sont en or, sauf pour le lieutenant-colonel qui porte le corps d'épaulette en argent. Il n'est ajouté sur le corps ou sur l'écusson aucune broderie, ni ornement quelconque. Leur doublure est en drap bleu foncé.

52. Pour officier supérieur, les épaulettes sont en or mat et de tout point semblables à celles des officiers supérieurs des autres armes, quant à la forme et aux dimensions des corps, franges et contours d'écusson. Ces contours sont également formés de deux tournantes.

Pour capitaines, lieutenants et sous-lieutenants, les épaulettes sont les mêmes que pour les autres armes, seulement les petites torsades des franges sont mates au lieu d'être brunies.

Elles n'ont également que deux tournantes à l'écusson et il n'y est non plus ajouté aucun ornement ni broderie.

Longueur du corps, non compris l'écusson, selon la taille, de.	110 à 120^{mm}
Largeur courante du corps.	65
Largeur du pan supérieur.	40
Largeur des pans coupés.	20
Hauteur de l'écusson, non compris les tournantes.	45
Largeur de l'écusson, non compris les tournantes.	90
Longueur ⎰ Grosses torsades (diamètre 8^{mm}). .	60
des franges. ⎱ Petites torsades (diamètre 2^{mm}). . .	80
Diamètre des grosses tournantes en bourdon mat et filé brillant.	12
Diamètre des petites tournantes en petite milanaise mélangée mat et brillante.	4

53. *Brides.* Brodées en cannetille et paillettes d'or sur drap bleu, doublure idem.

TITRE II. — ARMEMENT.

62. *Épée.* Du modèle dit à ciselures.

63. Pour tous les officiers du corps d'état-major et quel que soit le grade, la coquille extérieure est ornée de six drapeaux croisés derrière l'attribut du corps d'état-major (casque traversé d'une épée), sur fond sablé et conforme au modèle représenté à la planche I du présent règlement.

64. *Sabre.* Est conforme au modèle de 1856 (*Journal militaire officiel*, 1er semestre 1856, page 182).

65. *Dragonne d'épée*, du modèle général. Le cordon, le gland et le coulant sont en or mat.

Pour les officiers supérieurs, la frange du gland est à grosses torsades mates ; pour les autres officiers elle est à petites torsades mates comme l'épaulette.

66. *Dragonne de sabre.* Est semblable à celle de l'épée, sauf le cordon qui, au lieu d'être en or, est en doil de chèvre noir.

67. *Le pistolet.* Modèle 1855 est remplacé par un pistolet-revolver des dimensions et de la forme déterminées.

TITRE III. — HARNACHEMENT.

68. *Selle*, en cuir fauve de la forme dite à l'anglaise avec prolongements mobiles, sacoches en cuir fauve terminées par des bouts en cuivre ciselé.

69. *Etriers*, du modèle général en cuivre poli ; étrivières en cuir fauve.

70. *Croupières*, en cuir verni noir doublé et piqué, à une seule branche dite à la française.

71. *Poitrail*, également en cuir verni noir doublé et piqué avec fausse martingale réunis par une tête de Méduse en cuivre. Les branches du poitrail sont terminées par des boucles en cuivre se rattachant à deux contre-sanglons se bouclant au chapelet.

72. *Prolongement mobile.* En fer enveloppé de cuir fauve. Il a la forme d'un fer à cheval sur son plat dont les deux branches écartées l'une de l'autre de 140^{mm} hors d'œuvre se terminent par une patte de retour de 30^{mm} environ percée d'un trou dans lequel s'engage une forte vis ou boulon dont la tête présente une mortaise pour le passage d'une courroie de charge. Cette vis est reçue dans un écrou solidement fixé dans l'arçon à l'endroit du troussequin.

Ce prolongement de 25^{mm} de large dans tout son développement circulaire sur son plat est percé à son sommet d'une mortaise pour une troisième courroie de charge. La distance de ce point au troussequin est de 110^{mm}.

73. *Sacoches.* En cuir fauve, doublées en toile imperméable, terminées carrément au bas où elles se prolongent par un tube de 60^{mm} de diamètre et de 90^{mm} de long enveloppé d'un sabot en cuivre bruni et ciselé de 100^{mm} de hauteur hors d'œuvre. Le développement de la sacoche est d'environ 310^{mm}. Une courroie avec boucle, placée à l'orifice, la ferme à volonté. Une patelette, du même cuir, doublée en toile imperméable et se rabattant extérieurement sur 110^{mm}, recouvre l'ouverture et est arrêtée par un contre-sanglon avec boucle placée sur le plat de la sacoche.

La sacoche est montée sur un chapelet en fort cuir garni à son sommet d'une arcade en fer qui le soutient au-dessus du pommeau de la selle sans la toucher et qui est fixée par une courroie reçue sur le pommeau du chapelet par un contre-sanglon qui traverse un *D* enchapé à l'avant du pommeau de la selle et revient se boucler sur le chapelet. Ce chapelet est encore assemblé avec la selle par deux contre-sanglons de chaque côté, l'un à 50^{mm} au-dessus de l'autre et qui sont reçus dans les boucles enchapées sur l'avant de l'arçon.

Pour la tenue d'ordonnance les sacoches sont recouvertes par des calottes en cuir verni noir qui s'attachent sur le pommeau au moyen d'un contre-sanglon et sur les côtés par deux doubles boutons en cuivre.

Hauteur des calottes au milieu. 240ᵐᵐ
Largeur de leur recouvrement sur les côtés. . . 080
Largeur au sommet entre les deux recouvrements latéraux. 170

74. *Sangles.* En tissus de laine bleu foncé.

75. *Tapis.* En drap bleu foncé, passepoilé en drap cramoisi et bordé d'un galon soubise à crête de 40ᵐᵐ de largeur tissé en poil de chèvre de couleur bleu foncé. Pour officier supérieur ce galon est accompagné d'un second de même espèce de 20ᵐᵐ seulement de largeur placé à 3ᵐᵐ en dedans du large.

Un entre-jambes en vache grainelée et vernie noir de 240ᵐᵐ de longueur et 100ᵐᵐ de hauteur est cousu sur le côté hors montoir. Le côté montoir est de même garni d'un entre-jambes aussi en vache grainelée vernie noir ayant 550ᵐᵐ de longueur sur une hauteur de 100ᵐᵐ allant en augmentant jusqu'à l'endroit où porte le sabre où elle est de 250ᵐᵐ.

76. *Bride*, du modèle général. Elle est en cuir verni noir doublé et piqué avec boucles doubles en cuivre poli dites à baguettes accompagnées de passants droits et fixes également en cuivre.

La bride se compose des pièces suivantes :

1° *Un dessus de tête* garni d'une gourmette de rechange en acier et portant au milieu un crochet en cuivre pour recevoir le triangle du licol ;

2° *Quatre montants*, se rattachant au dessus de tête qui est bifurqué de chaque côté ; les deux antérieurs supportent le mors de bride au moyen de leurs porte-mors ; les deux autres supportent le mors de filet.

3° *Un frontal.*

4° *Une sous-gorge* composée d'un boucleteau et d'un

contre-sanglon de longueur à peu près égale et se bouclant sous la ganache ; ils sont cousus par l'autre extrémité sous le frontal près du dessus de tête : cette sous-gorge n'a de largeur que 15^{mm}.

5° *Une paire de rênes* de brides avec bouton coulant, bouton fixe et fouet de rênes.

6° *Une rêne* de filet avec boucle et porte-mors à chaque extrémité.

77. *Mors de filet*, modèle général en fer poli, avec deux anneaux courant dans leur trou et sans épaulement qui reçoivent en même temps les montants et les rênes.

78. *Mors de bride*, en fer poli, branches à col de cygne réunies au bas par une traverse. Il est orné de bossettes en cuivre poli estampées en relief de têtes de Méduse (diamètre des bossettes 30^{mm}).

79. *Licol de parade*, en cuir verni noir.

Largeur de toutes ses pièces 25^{mm}, sauf au milieu du dessus de nez où cette largeur est de 37^{mm}. Il porte une longe en cuir verni noir qui est munie d'un contre-sanglon à chaque extrémité et d'un anneau dans sa longueur ; elle se passe sur le cou du cheval.

80. *Tenue de route et de campagne.* Même selle, même tapis décrits ci-dessus. Le manteau roulé près du troussequin est supporté par le prolongement mobile (ci-dessus art. 72) au moyen des trois courroies décrites. Il peut être placé également au besoin sur l'avant de la selle et retenu par des courroies et des U adaptés à cet effet près des sacoches. Dans cette tenue il n'est point fait usage des calottes de cuir verni.

Grandes sacoches dites de campagne. En cuir fauve doublé en toile imperméable pouvant être divisées à l'intérieur en plusieurs poches Chacune de ces sacoches est montée sur une semelle verticale dont le bord supérieur s'adapte au bourrelet de rembourrage du panneau entre le troussequin et le quartier et dont l'arête latérale intérieure suit celle du quartier. Cette semelle est assemblée à la selle au moyen de contre-sanglons sur les côtés et au bas par un contre-sanglon redoublé formant passant, qui saisit les sangles et empêche la sacoche de ballotter. La sacoche est cousue sur la semelle à environ 50^{mm} au-dessous du panneau. Sa profondeur est d'environ 270^{mm}. La partie supérieure de la sacoche présente à son entrée une largeur d'environ 210^{mm} qui va en augmentant jusqu'à sa base où elle est de 250^{mm} avec angles arrondis. Cette surface est fixée à la semelle au moyen d'un soufflet également en cuir fauve ayant 85^{mm} environ de largeur. Le développement de son entrée, le soufflet compris, est de 400^{mm}. Cette entrée est recouverte d'une patelette en cuir noir verni taillée en accolade d'environ 200^{mm} de développement de sa charnière à sa pointe qui est garnie d'un contre-sanglon de fermeture avec boucle sur le corps de la sacoche.

TENUE DE MANÈGE.

Tunique du même modèle que la tunique de grande tenue.

Pantalon collant garance à bandes bleu foncé.

Bottes à l'écuyère en vache vernie.

LIVRES.

Manuel réglementaire de l'école.

Théorie d'infanterie.

Théorie de cavalerie.

Manœuvres et évolutions de batteries.

Ordonnance du 2 mai 1832 sur le service en campagne.

Ordonnance du 2 novembre 1833 sur le service intérieur (infanterie).

Ordonnance du 2 novembre 1833 sur le service intérieur (cavalerie).

Décret du 13 octobre 1863 sur le service des places.
Agenda d'état-major relié.
Traité de géodésie et de topographie par Salneuve.
Petite grammaire allemande, par Lévy.
Petit cours de thèmes allemands, par Lévy.
Abrégé du cours d'hippologie, par Vallon.
Dictionnaire allemand.
Grammaire allemande. } Ouvrages employés à Saint-Cyr
Atlas de géographie.
Dialogues militaires de Minsen.

INSTRUMENTS.

Étui de mathématiques composé d'un compas avec rechanges, rectiligne, etc.
Grand rapporteur en corne.
Petite boussole Hossard.
Boîte de couleurs.
Bâton d'encre de Chine.
Règle de 80 centimètres.
Règle de 40 centimètres.
Grande équerre.
Petite équerre.
Double décimètre triangulaire.
Portefeuille à dessin de 50 sur 65.
Petit portefeuille pour les levés et le dessin d'après nature.
Carton-planche de 40 sur 54.
Cahiers in-4° cartonnés pour les cours.
Pinceaux à lavis.
Godets en porcelaine.
Canif.
Fleurets.
Gant.
Veste en coutil.
Masque.

PROGRAMMES

DES

DIVERSES PARTIES DE L'ENSEIGNEMENT

A L'ÉCOLE D'APPLICATION D'ÉTAT-MAJOR

COURS DE SCIENCES APPLIQUÉES ET DE MACHINES (50 leçons).

PREMIÈRE ANNÉE.

1° PERSPECTIVE (7 leçons).

1re *Leçon*. — Généralités. — Perspective plane. — Perspective d'une droite de direction connue. — Points de concours ou de fuite. — Perspective d'une droite de longueur donnée. — Points de concours pour les longueurs.

2e. — Applications diverses : — Echelles de perspective, des profondeurs, des horizontales et des verticales.—Perspective de figures géométriques simples, d'un carré, d'un rectangle, etc.

3e. — Suite des applications. — Perspective des ombres, des images réfléchies. — Mise en perspective d'un sujet donné. — Unité du point de vue. — Limite de l'amplitude du cône perspectif.

6

4°. — 1er exemple. — Perspective d'un intérieur.— Choix du point de vue et du tableau. — Echelle de la perspective.

5°. — 2° exemple. — Perspective à vol d'oiseau. — Emploi des échelles. — Emploi des vues perspectives ou photographiques dans les levés topographiques.

6°. — Notions sur la perspective panoramique, sur les perspectives cavalières, sur la projection isométrique. — Perspective à vue. — Moyens de détermination des principaux éléments d'un dessin pittoresque. — Ligne d'horizon.

7°. — Suite de la perspective à vue. — Application des notions précédentes. — Notions sur les divers effets d'ombre et de lumière. — Lumière atmosphérique. — Perspective aérienne. — Des effets de contraste.

2° CONSTRUCTIONS (8 leçons).

8°. — Généralités sur les matériaux de construction, pierres, chaux, mortiers ordinaires et hydrauliques, plâtre.. , bois, fer, fonte ; sur les résistances dont ils sont susceptibles.

9°. — Constructions en pierre, établissement des fondations dans les diverses natures de terrain : incompressible, de moyenne résistance, très-compressible. — Emploi des pilotis. — Sous les eaux. — Des murs de face et de refend. — Des baies. — Proportions des portes et des fenêtres.

10°. — Des voûtes, simples et en pénétration. — Conditions principales de leur construction. — Disposition des voussoirs. — De leurs poussées. — Voûtes plates.

11°. — Décoration des édifices ; ordres d'architecture. — Module. — Caractères principaux des divers ordres.

12e. — Des escaliers. — De leurs principales dispositions.

13e. — Constructions en bois. — Escaliers avec limon. — Planchers, avec enchevêtrures. — Palées.— Pans de bois.

14e. — Combles en charpente. — Fermes simples à une ou plusieurs pannes. — Ferme à entrait retroussé. — Combles à la Mansard. — Dimensions des principales pièces d'une ferme. — Des couvertures.

15e. — Constructions en fer. — Planchers.—Combles à grande portée, en fer, en fonte, en bois, en fer et fonte.

3° MACHINES (12 leçons).

16e. — Généralités sur les forces : de leur mesure, aux points de vue statique et dynamique. — Quantité de mouvement. — Force vive. — Travail mécanique. — Unités adoptées.

17e. — Applications diverses. — Conditions principales du mouvement dans les machines. — Applications du principe des forces vives. — Principes de la corrélation des forces physiques.

18e. — Organes des machines. — Divers modes de transformation des mouvements. — Des vis et des hélices. — Bielles et manivelles. — Cames et excentriques.

19e. — Roues d'engrenage, cylindriques et coniques. — Appareils régulateurs. — Volants. — Régulateurs à force centrifuge de Watt, de Farcot, de Foucaut.

20e. — Dynamomètres, de traction, de rotation. — Indicateur de la pression. — Des résistances passives opposées par le roulement, par le frottement. — Du rendement des machines.

21e. — Emploi des divers moteurs. — Des moteurs animés. — Emploi de la force musculaire de l'homme dans les travaux de terrassements. — Influence de la charge sur la marche. — Charge du fantassin. — Emploi des animaux.

22ᵉ. — Moteurs hydrauliques. — Jeaugeage des cours d'eau. — Débit en puissance mécanique dans les principaux cas d'écoulement. — Roues en dessous, de côté, en dessus. — Conditions de leur emploi. — De leur rendement.

23ᵉ. — Turbine Fourneyron. — Moulins. — Appareils de nettoyage, de mouture, de blutage. — Rendement du blé.

24ᵉ. — Moteurs à vapeur. — Généralités sur les propriétés de la vapeur. — Machine à simple effet de Watt. — Machine à double effet.

25ᵉ et 26ᵉ. — Evaluation de la puissance mécanique de la vapeur. — Influence de la détente. — De l'équivalent mécanique de la chaleur. — Principaux organes des machines à vapeur. — Générateurs et leurs accessoires. — Distribution de la vapeur. — Tiroirs. — Conditions de la condensation.

27ᵉ. — Machines du système Wolf. — Machine à cylindre horizontal. — Rendement des machines à vapeur.

4° VOIES FERRÉES (3 leçons).

28ᵉ. — Conditions générales du tracé. — Des voies droites ou courbes. — Notions sur les ouvrages d'art.

29ᵉ. — Etablissement de la voie. — Pose des rails. — Appareils pour les changements de voie.—Aiguilles. — Croisements et traversées de voie. — Accessoires divers de la voie. — Gares et stations.

30ᵉ. — Dispositions relatives aux transports militaires. — Notions statistiques.

5° LOCOMOTION A VAPEUR (7 leçons).

31ᵉ et 32ᵉ. — Principaux éléments d'une locomotive. — Chaudière tubulaire.—Ses accessoires.—Mécanisme moteur. — Distribution de la vapeur. — Coulisse de Stephenson. — Marche à contre-vapeur. — Train de locomotive. — Roues motrices et portantes. — Tender.

33e. — Force de traction des locomotives. — De l'adhérence des roues motrices. — Résistances opposées à la traction. — Résistances de la locomotive et du tender. — Charge d'un train. — Puissance du mécanisme.

34e. — Types divers de locomotives, de véhicules. — Freins. — Organisation du personnel des grandes lignes françaises. — Service de la voie, du matériel et de la traction, de l'exploitation. — Rôle des principaux agents.

35e et 36e. — Notions sur l'organisation des transports militaires par voies ferrées à l'étranger. — Dispositions ministérielles principales réglant les conditions de ces transports en France pour les différentes armes. — Transport d'un corps d'armée. — Sa durée suivant les circonstances. — Evaluation du matériel nécessaire. — Préparatifs préliminaires.

37e. — Destruction et réparation des voies ferrées et de leurs dépendances.

6° MARINE DE GUERRE A VAPEUR (4 leçons).

38e. — Principales conditions d'installation d'un navire. — De la coque. — Des cuirasses. — Vitesse de marche et vitesse d'évolution. — Mesure des vitesses en mer. — Appareil propulseur. — Disposition des hélices.

39e. — Machines à vapeur marines. — Description du système à cylindres horizontaux et à bielle renversée. — De l'entraction. — De la puissance effective et nominale de ces machines.

40e. — Description des principaux types de la flotte cuirassée française. — Bâtiments de haut bord. — Gardes-côtes. — Batteries flottantes et canonnières. —

.Notions sur les marines de guerre des puissances é.rangères.

41ᵉ. — Notions sur les divers rôles de la marine de guerre. — Débarquements. — Attaques contre les places ou forts maritimes. — Leur défense. — Croisières. — Luttes navales.

7° PROPRIÉTÉS DES COURANTS ÉLECTRIQUES (1 leçon).

42ᵉ. — Propriétés principales des courants électriques. — Piles. — Appareils électro-magnétiques. — Inflammation des mines, des torpilles. — Bâtiment sous-marin. — Galvanoplastie.

8° TÉLÉGRAPHIE (4 leçons).

43ᵉ et 44ᵉ. — Description des principaux appareils. — Télégraphe de Morse, de Hughes. — Des divers accessoires. — Notions sur les conditions d'installation des lignes aériennes, souterraines et sous-marines.

45ᵉ. — Télégraphie militaire. — Disposition des voitures-poste. — Installation des lignes.

46ᵉ. — Télégraphie aérienne. — Système Chappe. — Sémaphore. — Signaux marins. — Code international des signaux maritimes. — Ecriture chiffrée.

9° AÉROSTATION (1 leçon).

47ᵉ. — Notions sur la construction et l'emploi des aérostats dans les armées.

10° PHOTOGRAPHIE (3 leçons).

48°. — Propriétés chimiques des rayons lumineux. — Substances photographiques. — Leur préparation. — Manipulations des procédés les plus simples. — Procédé sur collodion humide. — Préparation de la couche photogénique. — Exposition, développement de l'image. — Fixage.

49°. — Procédé sur collodion sec au tannin. — Procédé sur papier ciré. — Epreuves positives sur papier. Préparation de la couche sensible. — Exposition, virage et fixage.

50°. — Notions sur divers procédés de Niepce, au bitume de Judée, de Poitevin au charbon et à la gélatine bichromatée. — Lithophotographie et héliographie. — Notions diverses sur les conditions à remplir dans les opérations photographiques. — Applications principales de la photographie.

TRAVAUX GRAPHIQUES OU D'APPLICATION.

1 épure de perspective d'un intérieur.
2 croquis de perspective paysagiste.
Croquis d'architecture.
Croquis de chemins de fer.
Croquis d'un levé de machine, mise au net et mémoire.
Visite dans les ateliers et bureaux des chemins de fer.
Rédaction d'un projet de transport d'un corps d'armée.
Visite au Conservatoire des arts et métiers.
Visite à la Direction générale des télégraphes.
Visite aux ateliers du Dépôt de la guerre
Manipulations photographiques

COURS DE COSMOGRAPHIE ET DE GÉOGRAPHIE (50 leçons).

PREMIÈRE ANNÉE.

COSMOGRAPHIE (25 leçons).

1° NOTIONS GÉNÉRALES D'ASTRONOMIE (3 leçons).

1ʳᵉ *Leçon.* Notions générales d'astronomie.— Réfraction atmosphérique.

2ᵉ. — Etude du mouvement diurne. — Coordonnées équatoriales.

3ᵉ. — Forme de la terre. — Coordonnées géographiques. — Leur détermination.

2° PROJECTIONS DE CARTES (2 leçons).

4ᵉ. — Projections de cartes, orthographiques, stéréographiques. — Leur comparaison.

5°. — Développements cylindriques et coniques. — Cartes particulières.

3° ÉTUDE DU SOLEIL (4 leçons).

6ᵉ. — Étude du soleil. — Détermination de l'écliptique et des longitudes et latitudes célestes.

7ᵉ. — Orbite solaire. — Saisons. — Problème des parallaxes.

8ᵉ. — Mouvement vrai de la terre autour du soleil. — Preuve tirée de l'aberration.

9ᵉ. — Précession des équinoxes. — Mutation do l'axe de la terre. — Constitution physique du soleil.

4°. **Mesure du temps, gnomonique, calendrier**
(3 leçons).

10° et 11°. — De la mesure du temps. — Détermination de l'heure solaire. — Cadrans solaires. — Construction de la lemniscate et des courbes de déclinaison.
12°. — Notions historiques sur le calendrier.

5° **Étude de la lune** (3 leçons).

13°. — Étude de la lune. — Phénomènes généraux. — Périodes lunaires.
14°. — Rotation de la lune. — Librations et constitution physique de la lune.
15°. — Eclipses de lune. — Eclipses de soleil. — Phénomènes généraux qui les accompagnent.

6° **Étude des planètes, lois de la gravitation**
(7 leçons).

16°. — Des planètes. — Détermination des coordonnées héliocentriques polaires des planètes.
17°. — Mouvement vrai des planètes. — Lois de Képler.
18°. — Détails descriptifs sur les planètes. — Détermination de la vitesse de la lumière.
19°. — Lois de la gravitation universelle déduites des lois de Képler.
20°. — Masses et densités des planètes. — Explication des perturbations lunaires, de la précession, etc.
21°. — Aplatissement de la terre. — Variation de la pesanteur à la surface. — Phénomène des marées.
22°. — Preuves de la rotation terrestre. — Hypothèse de Laplace sur la formation de notre sytème planétaire.

7° PROBABILITÉS, STATISTIQUE, INTÉRÊTS (3 leçons).

23°. — Notions élémentaires du calcul des probabilités. — Probabilités à priori et à postériori.

24°. — Tables de mortalité. — Tables de population.

25°. — Formules de l'intérêt. — Rentes viagères. — Tontines. — Assurances sur la vie. — Applications lu principe de la mutualité.

DEUXIÈME ANNÉE.

GÉOGRAPHIE (25 leçons).

1° MÉTÉOROLOGIE. OPTIQUE ATMOSPHÉRIQUE (7 leçons).

1re *Leçon*. Atmosphère.— Thermomètres. — Distribution de la chaleur sur le globe. — Courants atmosphériques. — Hygrométrie atmosphérique.

2°. — Baromètre. — Arrosement du globe. —Eaux continentales.

3°. — Eaux marines et courants marins. — Climats.

4°. — Électricité atmosphérique et phénomènes électriques de l'atmosphère.

5°. — Magnétisme terrestre. — Phénomènes attribués au magnétisme et à l'électricité.

6°. — Optique atmosphérique. — Mirage. — Arc-en ciel.

7°. — Suite de l'optique atmosphérique. — Halos, couronnes, scintillation des étoiles.

2° GÉOLOGIE (2 leçons).

8°. — Géologie. —Phénomènes géologiques de l'époque actuelle.

9e. — Phénomènes anciens. — Moyens d'étude. — Classifications.

3° Géographie générale (6 leçons).

10e. — Géographie générale. — Introduction. — Etude de l'Europe.
11e. — Etude de l'Asie.
12e. — Etude de l'Afrique.
13e. — Etude de l'Amérique septentrionale.
14e. — Etude de l'Amérique méridionale.
15e. — Etude de l'Océanie.

4° Géographie de l'Europe et de l'Algérie (10 leçons).

16e. — Géographie de l'Europe. — Considérations générales sur la géographie militaire d'un pays. — Etude du versant de la Manche.
17e. — Etude du versant du golfe de Gascogne et du bassin de l'Ebre.
18e. — Etude du versant français de la mer Méditerranée.
19e. — Etude du versant de la mer Adriatique.
20e. — Etude du versant du bassin du Danube.
21e. — Etude du versant du bassin du Rhin.
22e. — Etude du versant du bassin de l'Elbe.
23e. — Etude du versant du bassin allemand de la mer Baltique.
24e. — Frontières de la France et itinéraires.
25e. — Géographie physique de l'Algérie.

TRAVAUX GRAPHIQUES.

PREMIÈRE ANNÉE.

Une épure de projections de cartes.
Une épure de gnomonique.
Construction d'un cadran solaire.

DEUXIÈME ANNÉE.

Carte de l'Europe centrale (croquis des principaux bassins).

Description géographique du théâtre d'opérations d'une des principales campagnes modernes; cette description forme un des chapitres du travail d'ensemble fait à la suite du cours d'art et d'histoire militaires.

COURS DE TOPOGRAPHIE ET DE GÉODÉSIE
(56 leçons).

PREMIÈRE ANNÉE.

TOPOGRAPHIE (19 leçons.)

1° LEÇONS PRÉPARATOIRES. — TRIGONOMÉTRIE SPHÉRIQUE (4 leçons).

1re *Leçon.*—Trigonométrie sphérique.—Pyramides directe et supplémentaire. — Conditions d'existence d'un triangle sphérique. — Cas d'égalité. — Recherche des quatre formules principales.

2e. — Préparation des formules pour l'emploi des logarithmes. — Analogies de Néper. — Résolution des six cas possibles.

3e — Triangles sphériques rectangles. — Binôme de Newton.

4e. — Développement des sinus et cosinus en séries. — Excès sphérique. — Surface du triangle sphérique. — Expression en secondes d'un angle donné en rapport et réciproquement. — Valeur de sinus 1°.

2° PLANIMÉTRIE (6 leçons).

5e. — Notions générales. — Plan tangent. — Échelles. — Cotes. — Courbes horizontales. — Lignes de plus grande pente. — Expression du relief du terrain. — Diapason.

6e. — Levés réguliers. — Planimétrie. — Canevas. — Choix de la base. — Mesure des distances. — Chaîne. — Stadia. — Corrections. — Orientation d'un canevas.

7e. — Mesure des angles. — Goniographes. — Goniomètres. — Rapporteur. — Table des cordes. — Forme préférable des triangles. — Limite de longueur des côtés. — Planchette et alidade. — Problèmes.

8°. — Levé de détail. — Rapprochement nécessaire des points du canevas. — Méthodes d'intersection, de cheminement, de recoupement. — Planchette. — Alidade et déclinatoire réunis. — Graphomètre. — Vernier. — Boussole. — Sa vérification. — Manière de la régler. — Comparaison des deux instruments.

9e. — Instruments à réflexion. — Principe fondamental. — Sextant graphique. — Sextant gradué. — Sextant à un seul miroir. — Réduction approximative à l'horizon.

10e. — Levés au goniomètre et à la chaîne. — Equerre d'arpenteur. — Problèmes. — Equerre à miroir. — Résumé des opérations de la planimétrie.

3° NIVELLEMENT (3 leçons).

11e. — Nivellement régulier. — Son but. — Moyens d'obtenir une horizontale. — Niveau d'eau, de maçon, à bulle graduée; niveau à plateau, à bulle d'air de Chézy. — Nivellement simple ou composé. — Nivellement continu. — Tenue du registre. — Tracé des courbes.

12e. — Nivellement topographique. — Emploi des clisimètres. — Clisimètre de Chézy. — Niveau de maçon gradué. — Eclimètre, sa vérification, son règlement.

13e. — Formules du nivellement. — Tables. — Causes d'erreur. — Vérification probable des cotes. — Figuré à vue. — Pentes continues. — Tracé des courbes au moyen des cotes et des figurés partiels. — Sondes.

4° LEVÉS EXPÉDIÉS (3 leçons).

14e. — Levés expédiés. — Planimétrie. — Mesure des distances au pas. — Petite planchette et déclinatoire. — Planchette Fèvre. — Boussole à réflexion. — Boussole Burnier. — Boussole Hossard.

15e. — Instruments propres aux reconnaissances. — Petites lunettes à stadia. — Procédé Leblanc. — Levé d'un canevas par perspectives. — Levé à vue. — Levé de mémoire. — Levé par renseignements.

16e. — Nivellement expédié. — Niveau réflecteur de Burel. — Niveau à perpendicule. — Clisimètre Burnier. — Observations relatives au nivellement expédié. — Copie et réduction de cartes. — Pantographe. — Photographie.

5° EXERCICES DE CALCULS NUMÉRIQUES (3 leçons).

17e. — 18e. — Et 19e.

DEUXIÈME ANNÉE.

GÉODÉSIE (27 leçons).

1° OPTIQUE (6 leçons).

1re *Leçon*. — Principales propriétés de la lumière. — Sa nature. — Sa marche. — Son intensité. — Ré-

flexion. — Réfraction. — Réflexion totale. — Mirage.
— Lumière diffuse. — Clarté des objets. — Dispersion.
— Vitesse. — Perspective aérienne. — Conditions
d'existence et visibilité des objets. — Rayons diver-
gents, convergents. — Images réelles, virtuelles. —
Miroirs concaves. — Image d'un point, d'un objet. —
Grossissement. — Miroir convexe, plan parabolique.

2e. — Réfraction produite par des surfaces sphériques. — Surface convexe. — Concave. — Lentilles,
formule générale. — Marche des foyers des lentilles,
1° convergentes, 2° divergentes. — Centre optique. —
Image d'un objet. — Grossissement absolu et relatif.
— Faces parallèles.

3°. — OEil. — Contraction. — Redressement de
l'image. — Vision binoculaire. — Estimation de la
distance. — Presbytie. — Myopie. — Loupe. — Grossissement. — Clarté. — Prisme lenticulaire. — Petite
ouverture.

4e.— Lunette astronomique.—Objectif. — Oculaire.
— Grossissement. — Clarté. — Ouverture de l'objectif
et limite de l'oculaire. — Limite du grossissement
pour un objectif donné. — Enveloppe de la lunette. — Diaphragme. — Oculaire composé, positif ou
négatif. — Prisme lenticulaire.

5e. — Achromatisme. — Son but. — Aperçu sur
le moyen de l'obtenir. — Description sommaire de la
lunette terrestre ou longue-vue, de la lunette de
spectacle ou de Galilée. — Du microscope. — Du microscope solaire — Du télescope. — De la chambre
noire. — De la chambre claire. — Du stéréoscope.

6e. — Applications. — Moyens d'obtenir une direction : 1° par deux points fixes ; 2° par un point
fixe et une visière ; 3° avec une lunette. — Causes
d'erreur. — Stadia. — Influence de la variation de la
distance focale. — Superposition de l'image et du
réticule. — Graduation de la mire. — Stadimètre
Bousson, Goulier, Gautier.

2° GÉODÉSIE (9 leçons).

7ᵉ. — But de la géodésie. — Ensemble des opérations. — Réseaux primordiaux de 1ᵉʳ, 2ᵉ et 3ᵉ ordre. — Rapprochement des points du canevas. — Opérations sur le terrain. — Reconnaissance. — Forme préférable des triangles. — Signaux. — Leur hauteur. — Couleur de la mire. — Bases. — Angles et distances zénithales. — Latitude, longitude d'un premier point et azimut d'un premier côté. — Opérations de cabinet. — Corrections. — Calcul des triangles. — Coordonnées géographiques. — Altitudes. — Projections. — Vérifications.

8ᵉ. — Mesure des bases. — Choix de la base. — Sa longueur. — Son tracé. — Instruments employés. — Appareil Porro. — Corrections : 1° température ; 2° réduction à l'un des termes ; 3ᵉ id. au niveau de la mer ; 4° rectification d'une base brisée.

9ᵉ. — Mesure des angles. — Cercle répétiteur. — Excentricité d'une des lunettes.

10ᵉ. — Théodolite. — Cercle à réflexion. — Correction des distances zénithales prises avec l'horizon de la mer.

11ᵉ. — Différentes causes d'erreur qui affectent la mesure des angles. — Moyens d'en atténuer l'influence par la répétition et la réitération. — Comparaison des deux procédés. — Approximation expérimentale des résultats. — Réduction des angles à l'horizon.

12ᵉ. — Réduction au centre de la station. — Mesure des éléments de réduction. — Calcul des triangles provisoires ou canevas provisoire. — Calcul des triangles définitifs. — Différents moyens possibles. — Théorème de Legendre.

13ᵉ. — Recherche directe de l'excès sphérique. — Résolution des triangles de 1ᵉʳ et 2ᵉ ordre et de 3ᵉ ordre. — Comparaison et vérification des triangles.

— Notions de géométrie analytique. — Equations du point, de la ligne droite. — Angle de deux droites.— Equations du cercle, de l'ellipse, de l'hyperbole, de la parabole.

14e. — Equation de la tangente et de la normale à l'ellipse. — Valeur de la grande et de la petite normale, de la sous-normale, du rayon central et du rayon de courbure, en fonction de la latitude; rapport de celui-ci au rayon de la latitude de 50 grades.

15e. — Figure de la terre. — Résumé des différentes méthodes employées. — Forme théorique. — Observations du pendule. — Perturbations lunaires. — Figure de la terre déduite d'observations géodésiques. — Mesure d'arcs de méridiens et de parallèles. — Leur usage. — Résultats probables. — Rayon de l'équateur. — Aplatissement. — Excentricité. — Valeur de la minute en latitude et en longitude.

3° FORMULES (2 leçons).

16e. — Formule des latitudes, la terre étant supposée : 1° sphérique; 2° ellipsoïdale.

17e. — Formule des longitudes, azimuts. — Leur utilité, leur formation, leur calcul.

4° PROJECTIONS (1 leçon).

18e. — Projection de Cassini. — Distances à la méridienne et à la perpendiculaire. — Simplification défectueuse. — Projection de Flamsteed modifiée ou du dépôt de la guerre. — Tracé, par points, des méridiens et parallèles : 1° la terre étant supposée sphérique; 2° id. ellipsoïdale. — Placement des sommets des triangles. — Projection polyédrique. — Canevas isolé.

5° NIVELLEMENTS (4 leçons).

19e. — Nivellement géodésique. — Réduction au

sommet du signal. — Influence de la réfraction. — Recherche du coefficient. — Différence de niveau au moyen de deux distances zénithales conjuguées et simultanées.

20ᵉ. — Différence de niveau au moyen d'une seule distance zénithale. — Cas particulier des points du 3ᵉ ordre. — Différence de niveau par l'observation de l'horizon de la mer. — Nullité de l'influence de la figure de la terre. — Point de départ des cotes. — Surface des eaux moyennes et d'équilibre de la mer.

21ᵉ. — Nivellement barométrique.— Loi des hauteurs des couches atmosphériques en raison des pressions. — Détermination de la constante. — Origine des corrections. — Corrections relatives aux baromètres : 1° en raison de la température ; 2° en raison de la gravité.

22ᵉ. — Corrections relatives à l'air : 1° en raison de la température ; 2° id. de la gravité variant avec l'altitude ; 3° id. avec la latitude. — Observations générales.— Formule simplifiée de M. Babinet. — Hypsothermomètre. — Baromètres anéroïdes. — Application à la topographie.

6° CALCULS ET OBSERVATIONS ASTRONOMIQUES (5 leçons).

23ᵉ.—Observations astronomiques. —Notions préliminaires. — Temps sidéral, vrai, moyen. — Jours sidéraux, moyens. — Année civile, id. astronomique. — Passage des dates. — Usage de la connaissance des temps. — Temps moyen à midi vrai.—Temps sidéral à midi moyen. — Ascensions droites et déclinaisons apparentes. — Tables de réfraction. — Parallaxes du soleil, de la lune. — Conversion des angles horaires en temps, et réciproquement. — Détermination du plan méridien. — Mesure de l'écartement des fils en angles horaires. — Déviation légère du méridien. — Détermination de l'angle de déviation et de l'angle horaire correspondant.

24e. — Règlement de la pendule. — Méridien connu.
— Méridien inconnu. — Valeur des unités de la pendule. — Détermination de l'heure : 1° méthode des hauteurs correspondantes ; 2° hauteur simple. — Réduction à l'époque moyenne. — Étude de la pendule.

25e. — Latitude. — Méridien connu : 1° double passage d'étoile circumpolaire. — 2° un seul passage. — Observations relatives aux répétitions. — Méridien inconnu. — Hauteur simple près du méridien. — Correction relative à la marche de la pendule. — Réduction au méridien (répétitions). — Usure des centres. — Observation de la polaire (formule de Litrow.) — Réduction à l'époque moyenne. — Observations dans le 1er vertical.

26e. — Détermination simultanée de l'heure et de la latitude. — Instruments zénithaux. Latitude obtenue par des observations azimutales. — Longitude. — Méridien connu. — Passage du soleil ou de la lune au méridien. — Répétitions. — Méridien inconnu. — Emploi de deux chronomètres réglés. — Loch. — Phénomènes instantanés. — Phénomènes variables d'intensité. — Distances lunaires. — Observations faites, 1° au théodolite ; 2° au cercle.

27e. — Azimut. — Méridien connu. — Méridien inconnu. — Angle du signal et d'un astre. — Azimut de l'astre. — Observations de la polaire. — Répétitions. — Elongation d'une étoile.

TRAVAUX GRAPHIQUES ET D'APPLICATION.

PREMIÈRE ANNÉE.

DESSINS.
1° Etude de topographie à $\frac{1}{10000}$ et tableau de lettres.
2° Etude de topographie à $\frac{1}{20000}$.
3° Etude d'après un modèle en relief.
4° Mise au net d'un levé régulier et d'un levé expédié.

TRAVAUX extérieurs.

> Exercices préparatoires de planimétrie et de nivellement sur le terrain.
>
> Levé régulier à $\frac{1}{10000}$. (Le canévas est exécuté à la planchette à $\frac{1}{20000}$ et les détails sont levés à la boussole.)
>
> Levé expédié à $\frac{1}{10000}$ avec la boussole Hossard.
>
> Deux itinéraires à $\frac{1}{10000}$ levés à vue, composés chacun d'un dessin topographique au crayon et d'un tableau descriptif.

Une instruction spéciale règle le mode d'exécution des levés et itinéraires.

Le levé régulier est accompagné d'un mémoire topographique, statistique et historique, qui comprend la solution d'une question militaire relative au terrain levé et qui est soumise à l'appréciation du professeur d'art militaire.

DEUXIÈME ANNÉE.

DESSINS.

> 1° Etude d'après un modèle en relief.
> 2° Réduction d'anciens levés.
> 3° Mise au net du levé régulier et du levé expédié.

Observations géodésiques avec le cercle répétiteur et le théodolite. — Calcul des triangles ; latitudes, longitudes et altitudes des points. — Construction du canevas. — Levés régulier et expédié comme en première année. — Itinéraires et reconnaissances.

COURS D'ARTILLERIE (52 leçons).

(Nombre porté à 56. Voir les notes des pages 117, 119, 123 et 124).

PREMIÈRE ANNÉE. — (25 leçons.)

1° NOTIONS HISTORIQUES. — PROPRIÉTÉS DE LA POUDRE. — DESCRIPTION GÉNÉRALE DES BOUCHES A FEU, DES PROJECTILES, DES FUSÉES (4 leçons). (1)

1re *Leçon.* — *Poudre.* — Résumé historique. — Propriétés essentielles d'une poudre de guerre. — Poudre prismatique. — Poudres brisantes. — Substances dont les effets sont comparables à ceux de la poudre.

Bouches à feu. — Résumé historique. — Système actuel.

2e. — *Bouches à feu.* — Organisation générale d'une bouche à feu. — Choix du métal. — Formes intérieures : âme, chambre, rayures, lumière. — Formes extérieures : culasse, renforts, volée, anses, tourillons.

3e. — *Bouches à feu.* — Moyens employés pour renforcer les bouches à feu. — Tentatives d'amélioration du bronze. — Frettage. — Tubage.

Projectiles. — Projectiles sphériques : boulets, balles, obus, grenades, bombes. — Projectiles oblongs : obus ordinaires, obus à balles, boulets de rupture. — Boîtes à mitraille. — Mitraille noire. — Tir des grenades avec le mortier.

---

(1) Le Conseil d'instruction a porté, dans sa séance du 16 novembre 1872, de 4 à 5 le nombre des leçons de la première partie du cours, pour donner plus de détails sur les bouches à feu en général, sur les canons à balles en particulier.

7.

4°. — *Fusées à projectiles creux..* — Fusées fusantes, percutantes, mixtes.

Etoupilles. — Etoupilles ordinaires. — Fulminantes.

2° ARMES PORTATIVES (3 leçons).

5°. — *Armes blanches.* — Organisation générale des armes blanches. — Armes tranchantes. — Armes de pointe.

Armes à feu. — Organisation générale d'une arme à feu. — Détermination du calibre.

6°. — *Armes à feu.* — Suite de l'organisation. — Rayures. — Forcement. — Chargement par la bouche. — Chargement par la culasse. — Tranformations successives des armes à feu. — Modèles en service.

7°. — *Armes à feu.* — Description des principales armes à feu en service dans les armées étrangères.

3° MATÉRIEL (4 leçons).

8°. — *Etude des affûts.* — Affûts de mortiers. — Affûts de siége. — Avant-trains de siége. — Affûts de place. — Lisoir directeur. — Affûts de casemate de 4.

9°. — *Etude des affûts.* — Affûts de côte. — Affût de casemate de côte. — Affûts de campagne. — Avant-trains de campagne. — Affûts de montagne. — Limonière.

10°. — *Voitures et attirails.* — Voitures des parcs. — Chariot de parc. — Chariot porte-corps. — Charrette de siége. — Chèvres. — Voitures de campagne. — Caissons. — Caissons légers à munitions d'infanterie. — Chariots de batterie. — Forges. — Forge de montagne.

11°. — *Chargement des coffres et des caisses.* — Munitions d'artillerie. — Munitions d'infanterie.

Conservation du matériel. — Bois. — Bouches à feu. — Projectiles. — Poudres. — Affûts. — Voitures.

— Harnachement. — Cordages. — Armes portatives.

4° MOUVEMENT DES VOITURES ET ATTELAGES (1 leçon).

12e. — *Mouvement des voitures.* — Tirage des voitures. — Voie. — Diamètre des roues et de la fusée d'essieu. — Largeur des jantes. — Tournant. — *Attelages.* — Attelage à la française, — à l'allemande. — Attelage à timon et à support.

5° TIR. — POINTAGE. — EFFETS DES PROJECTILES (9 leçons). (1)

13e.—*Mouvement des projectiles.*—Mouvement d'un projectile dans le vide. — Détermination de la trajectoire. — Propriétés principales de cette trajectoire. — Angles donnant des portées égales. — Portée maxima. — Hauteur du jet. — Résistance de l'air. — Cas où les formules établies pour le vide sont appplicables dans l'air.

14e. — *Suite du mouvement des projectiles.* — Détermination de la trajectoire d'un projectile d'ans l'air. — Comparaison du mouvement dans le vide et du mouvement dans l'air. — Propriétés générales du mouvement d'un projectile dans l'air ; angle de chute ; vitesse restanté ; durée du trajet ; hauteur du jet.

15e.—*Suite du mouvement des projectiles.*—Résolution des principaux problèmes qui se présentent dans la pratique du tir.

____

(1) Le Conseil d'instruction a porté, dans sa séance du 16 novembre 1872, de 9 à 10 le nombre des leçons sur la 5e partie, et il a réduit à 3 le nombre des conférences faites à la fin de la première année sur les manœuvres d'une batterie attelée.

16e. — *Suite du mouvement des projectiles.* — Déviation des projectiles. — Id. des projectiles sphériques, des projectiles oblongs. — Dérivation.

17e. — *Mesure des vitesses initiales.* — Pendule balistique. — Fusil-pendule. — Appareils électro-balistiques. — Appareil Navez-heur. — Appareil Le Boulangé.

18e. — *Pointage.* — Relations entre les divers éléments du pointage. — Pointage avec les hausses. — Description des hausses. — Pointage sous de grands angles. — Tir de nuit. — Causes d'écart provenant du pointage. — Tir en terrain déversé.

19e. — *Suite du pointage.* — Appréciation des distances. — Télémètres.

Effets des projectiles. — Pénétration des projectiles dans divers milieux solides.— Mode d'exécution des brèches.

20e. — *Suite des effets des projectiles.* — Tir des projectiles. — Effets de la mitraille contre la troupe.

Probabilité du tir. — Ecarts résultant du tir. — Groupement des coups.

21e. — *Précision du tir.* — Eléments qui servent à représenter la précision du tir. — Application à la manière de régler le tir.

22e, 23e, 24e et 25e. — Conférences sur les manœuvres d'une batterie attelée (1).

DEUXIÈME ANNÉE. — (27 leçons.)

6° CONSTRUCTION DES BATTERIES. (4 leçons.)

1re *Leçon.* — *Principes d'organisation.* — Terreplein. — Epaulement. — Fossé. — Traverses. — Magasins. — Communications.

---

(1) Voir la note à la page précédente.

2º. — *Exécution des détails.*—Revêtements.—Places fortes. — Magasins à poudre. — Portières d'embrasures. — Blindages.

3º. — *Construction des batteries.* — Tracé et construction des batteries de première période. — Id. des batteries de deuxième période.

4º. — *Suite de la construction des batteries.* — Tracé et construction des batteries de couronnement, — des batteries de place, — des batteries de campagne.

7º PONTS MILITAIRES. (5 leçons.)

5º. — *Notions générales.* — Considérations générales sur les cours d'eau. — Classification des ponts militaires. Equipages de pont.— Equipages en service.

6º.— *Ponts de bateaux.*—Construction des culées. — Modes d'ancrage. — Construction et repliement d'un pont de bateaux, par bateaux successifs, par portières, par parties, par conversion. — Propriétés des ponts de bateaux.

7º. — *Suite des ponts de bateaux.* — Construction d'une passerelle. — Emploi des bateaux du commerce.

Ponts de radeaux. — Radeau simple. — Radeau double. — Radeau en trousseaux. — Construction et repliement des ponts de radeaux. — Propriétés des ponts de radeaux.

8º. — *Ponts de chevalets et ponts sur pilotis.* — Construction de ces ponts. — Leurs propriétés.

Généralités sur la conservation, la destruction et le rétablissement des ponts.

9º. — *Ponts de circonstance.* — Ponts de cordages. — Ponts de voitures. — Ponts de gabions.

Passage des cours d'eau. — Passage sur des corps flottants, bateaux, radeaux, ponts volants, trailles, bacs. — Passage sur la glace. — Passage à gué. —

Passage à la nage. — Reconnaissance d'un cours d'eau. — Choix du point de passage.

8° PERSONNEL DE L'ARTILLERIE. — SERVICE DANS LES ÉTABLISSEMENTS. (4 leçons.)

10°. — *Personnel.* — Résumé historique des diverses organisations du service de l'artillerie. — Organisation actuelle. — Commandements. — Ecoles. — Directions. — Etablissements. — Arsenaux.

11°. — *Forges.* — Organisation du service. — Sommaire de la fabrication des essieux et des projectiles.

Fonderie. — Organisation du service. — Sommaire de la fabrication des bouches à feu en bronze.

12°. — *Ecole centrale de pyrotechnie.* — Organisation du service. — Sommaire du chargement des fusées à projectiles creux et de la fabrication des fusées de guerre.

13°. — *Capsuleries.* — Organisation du service. — Sommaire de la fabrication des capsules et des étoupilles fulminantes.

Manufactures d'armes. — Organisation du service. — Sommaire de la fabrication des armes portatives.

9° ATTAQUE ET DÉFENSE DES PLACES. — DÉFENSE DES CÔTES. (5 leçons.)

14°. — *Attaque des places.* — Opérations préliminaires. — Reconnaissances. — Batteries d'investissement. — Batteries de 1ʳᵉ et de 2ᵉ période. — Batteries de couronnement. — Reddition de la place. — Levée du siége.

15°. — *Suite de l'attaque des places.* — Organisation des équipages de siége. — Bouches à feu. —

Affûts. — Voitures. — Munitions. — Personnel de l'artillerie.

16e. — *Défense des places.* — Armement de sûrcté. — Armement de défense. — Choix des calibres. — Approvisionnements. — Magasins à poudre.

17e. — *Suite de la défense des places.* — Personnel de l'artillerie. — Service de l'artillerie dans les diverses périodes du siége.

18e. — *Défense des côtes.* — Défense fixe. — Défense mobile. — Batteries de côtes. — Postes. — Bouches à feu. — Approvisionnnements. — Personnel.

10. SERVICE EN CAMPAGNE. (3 leçons.) (1)

19e. — *Organisation.* — Résumé historique du service de l'artillerie en campagne. — Composition des batteries de campagne et de montagne. — Parcs divisionnaires. — Id. de corps d'armée. — Grand parc de campagne. — Mode de réapprovisionnement des troupes sur le champ de bataille.

20e. — *Suite de l'organisation.* — Composition d'un équipage de campagne. — Proportion des bouches à feu. — Répartition de l'artillerie dans les armées et les divisions. — Personnel. — Etat-major.

Service de l'artillerie. — Emplacement de l'artillerie dans la ligne de bataille. — Choix des emplacements.

21e. — *Suite du service de l'artillerie.* — Rôle de l'artillerie divisionnaire, — de l'artillerie de réserve.

Attaque et défense des villages. — Passage des défilés, — des cours d'eau. — Poursuites. — Retraites.

---

(1) Le Conseil d'instruction a porté, dans sa séance du 16 novembre 1872, de 3 à 4 le nombre des leçons sur la 10e partie du cours.

11° ARTILLERIES ÉTRANGÈRES. (2 leçons.) (1).

22e et 23e. — *Artilleries étrangères.* — Description des systèmes d'artillerie en service chez les principales puissances étrangères.

12° THÉORIE SUR LES MANOEUVRES ET LES ÉVOLUTIONS. (4 leçons.) (1).

24e, 25e, 26e, 27e. — Conférences sur les évolutions de batteries attelées.

TRAVAUX GRAPHIQUES ET D'APPLICATION.

PREMIÈRE ANNÉE.

Levé de matériel : 3 croquis (mis à l'encre) et une notice.
Deux problèmes de balistique.
Une visite au musée d'artillerie.

DEUXIÈME ANNÉE.

Epure de ponts militaires.
Croquis sur les principaux types de batteries, avec applications balistiques.

---

(1) Dans la séance du 16 novembre 1872 le Conseil d'instruction a porté à 4 le nombre des leçons sur la 11e partie afin d'y introduire la description des armes portatives étrangères qui y trouve mieux sa place que dans la 2e partie (1re année), et il a réduit à 3 le nombre des conférences faites à la fin de la 2e année sur les évolutions de batteries attelées.

COURS DE FORTIFICATION (50 leçons).

PREMIÈRE ANNÉE. — (20 leçons.)

1° FORTIFICATION PASSAGÈRE. (13 leçons.)

1re leçon. — Généralités. *Profils* des retranchements ordinaires. — Défenses accessoires.

2e. — *Tracés*. Principes du flanquement. — Ouvrages isolés et lignes en terrain horizontal.

3°. — Application de la fortification au terrain. — Défilement d'un ouvrage ouvert à la gorge. — Id. d'un ouvrage fermé. — Utilité des traverses.

4e. — Suite de l'application de la fortification au terrain. — Fortifications sur les plateaux, dans les vallées, dans les plaines, sur les pentes. — Défilement des lignes.

5e. — Organisation intérieure des retranchements. — Revêtements. — Organisation pour la mousqueterie, pour l'artillerie. — Traverses et abris pour les munitions.

6e. — Entrée dans les ouvrages fermés. — Réduits. — Palanques. — Blockhaus.

7° et 8e. — Exécution des retranchements. — Calcul du fossé. — Conduite des travaux suivant les cas.

9e. — Emploi des obstacles naturels. — Mise en état de défense, d'un bois, d'une maison, d'une ferme, d'un village, petites villes. — Inondations artificielles.

10e. — Des lignes en général, — continues ou à intervalles. — Différentes circonstances où on les emploie à la guerre. — Lignes de circonvallation et de contrevallation. — Lignes frontières, etc.

11ᵉ. — Suite des lignes. — Têtes de ponts.
12ᵉ. — Fortifications mixtes ou demi-permanentes. — Fortifications du champ de bataille. — Tracé et profils.
13ᵉ. — Attaque et défense des retranchements. — Moyens de les mettre hors de service.

2º BATIMENTS MILITAIRES. (3 leçons.)

14ᵉ. — Casernement de l'infanterie.
15ᵉ. — Id. de la cavalerie. — Hôpitaux.
16ᵉ. — Bâtiments de l'administration. — Manutentions et magasins. — Magasins à poudre.

3º VOIES DE COMMUNICATION (4 leçons).

17ᵉ. — Profil des routes en plaine et en pays de montagne. — Déblais et remblais. — Construction des différentes espèces de chaussées.
18ᵉ. — Suite — Dépense de force du moteur. — Limite des pentes. — Tracés. — Raccordements, etc.
19ᵉ. — Chemins de fer.
20ᵉ. — Rivière navigable. — Canaux latéraux et à points de partage.

DEUXIÈME ANNÉE. — (30 leçons.)

3º FORTIFICATION PERMANENTE. (10 leçons.)

1ʳᵉ leçon. — Histoire de la fortification jusqu'à nos jours. — Du profil. — Tracé bastionné.
2ᵉ. — Tracé du corps de place. — Discussion des différentes dimensions du front.
3ᵉ. — Dehors. — Tenaille. — Demi-lune. — Chemins couverts.
4ᵉ. — Réduits de demi-lune et de place d'armes rentrante. — Glacis. — Communications.

5e. — Retranchements intérieurs. — Citadelles. — Portes de ville. — Ponts-levis.

6e. — Ouvrages avancés, détachés. — Camps retranchés.

7e. — Fortifications étrangères. — Système polygonal. — Tracés de Cologne et de Coblentz.

8e. — Tracés de Germersheim, Rastadt et Ulm.

9e. — Fortification d'Anvers, de Portsmouth, etc...

10e. — Ouvrages détachés de ces différentes places. — Avantages et défauts.

2° MANOEUVRES D'EAU. (2 leçons.)

11e. — Constructions ayant pour objet d'élever, de soutenir et de diriger les eaux.

12e. — Emploi des eaux dans la défense des places fortes. — Type d'une place à manœuvres d'eau.

3° ATTAQUE ET DÉFENSE DES PLACES. (12 leçons.)

13e et 14e. — Etablissement de l'armée assiégeante devant la place. — Reconnaissances. — Choix du point d'attaque.

15e. — Préparatifs généraux de la défense. — Armements de sûreté et de défense.

16e. — Ouverture de la tranchée. — Première, deuxième et troisième parallèles. — Batteries de 1er et de 2e période.

17e. — Armement maximum. — Défense éloignée et rapprochée. — Couronnement et défense du chemin couvert.

18e. — Descente et passage du fossé. — Brèche. — Attaque et défense de la demi-lune.

19e. — Attaque et défense des réduits de demi-lune et de place d'armes rentrante. — Id. des bastions avec ou sans retranchements intérieurs.

20e. — Effectif d'une garnison maxima et minima et d'une armée de siége.

21e, 22e et 23e. — Mines. — Fourneaux. — Charge.

— Bourrage. — Mise du feu. — Puits. — Galeries. — Rameaux. — Guerre souterraine.

24°. — Attaque d'une place polygonale.

4° CONSIDÉRATIONS SUR LES PLACES FORTES. — FRONTIÈRES. (4 leçons.)

25°. — Considérations sur la défense des Etats. — Rôle des différentes espèces de places fortes.

26°. — Etude des frontières. — Leur défense spéciale.

27° et 28°. — Organisation défensive des frontières et des côtes de la France.

5° SIÉGES MÉMORABLES. (2 leçons.)

29° et 30°. — Relations de siéges mémorables.

TRAVAUX GRAPHIQUES ET D'APPLICATION.

PREMIÈRE ANNÉE.

Tracé de lignes et construction d'un ouvrage de campagne (2 dessins) précédés d'une reconnaissance du terrain. Mémoire sur ces travaux.

Exercice de profilement, suivi d'une notice.

Visite de bâtiments militaires, rapport et croquis.

DEUXIÈME ANNÉE.

Mémoire sur une place forte.

Croquis des principaux tracés de fortification permanente, française et étrangère.

Reconnaissance détaillée d'un ouvrage permanent, exécutée sur le terrain, avec un rapport et un croquis.

COURS DE LÉGISLATION ET D'ADMINISTRATION MILITAIRES (52 leçons).

PREMIÈRE ANNÉE. — (24 leçons.)

1re PARTIE. — LÉGISLATION GÉNÉRALE
(10 leçons).

DU DROIT EN GÉNÉRAL (2 leçons).

1re Leçon. — *Définition de la législation.* — Son origine. — Ses développements. — Lois spéciales à certaines professions.

Définition de l'administration. — Nécessité de cette étude pour l'officier d'état-major.

Divisions générales du droit.

2e. — *Droit naturel.* — Devoirs de l'homme envers lui-même. — Loi du travail. — Droits et devoirs de l'homme envers ses semblables. — De la famille. — De la société en général. — Justice et charité. — Devoirs de l'homme envers les êtres inférieurs.

Droit positif. — Droit de cité. — Droit public. — Droit politique. — Pacte social. — Constitution de l'Etat. — Distinction des pouvoirs. — Diverses formes de gouvernement. — Devoirs des citoyens envers l'Etat.

ÉCONOMIE POLITIQUE (2 leçons).

3e. — *Définition de l'économie politique.* — De la production et de ses agents. — Diverses natures d'industrie.

Du travail. — Liberté du travail. — Corporations. — Division du travail.

Du capital. — Capital fixe et capital circulant.

Des échanges, comme source de la richesse. — De la valeur et du prix. — Des prix maxima.

4e — *Des monnaies.* — Leur rôle. — Leurs qualités. — Altération des monnaies. — Du papier-monnaie. — Intervention de l'Etat. — Choix d'un métal comme étalon.

Balance du commerce. — *Papiers de commerce.* — Billets à ordre. — Lettres de change. — Chèques. — Warrants. — Billets de banque.

Banques de dépôt et banques d'émission. — Intérêt des capitaux. — Sa légitimité. — Lois sur l'usure.

Crédit public. — De l'emprunt et de l'impôt.

DROIT ADMINISTRATIF, DROIT PRIVÉ, ETC. (6 leçons).

5e. — *Droit public administratif.* — Divisions du territoire. — Personnel de l'administration. — Contentieux administratif. — Juridiction administrative. — Organes de l'administration. — Conseil d'Etat. — Préfets. — Conseils généraux. — Conseils de préfecture. — Sous-préfets. — Conseils d'arrondissement. — Maires. — Conseils municipaux.

6e. — *Ressources matérielles de l'administration publique.* — Domaine public. — Richesses mobilières. — Ressources financières.

Administration des cultes. — Culte catholique. — — Cultes non catholiques. — Congrégations religieuses.

Instruction publique. — Organisation académique.

Justice. — Tribunaux. — Etablissements pénitentiaires.

Agriculture. — Industrie. — Commerce. — *Travaux publics.*

7e. — *Administration des finances.* — Divisions de l'administration centrale.

Impôts directs. — Contribution foncière. — Cote

personnelle et mobilière. — Impôt des portes et fenêtres. — Patentes. — Divers autres impôts directs. — Timbre. — Enregistrement. — Hypothèques.

Impôts indirects. — *Services exploités par le gouvernement.*

8°. — *Budget général de l'Etat.*— Vote.— Emploi. — Règlement des dépenses.

Dette publique. — Dette flottante. — Dette inscrite, viagère et consolidée.

Amortissement.

9°.— *Ministère de l'intérieur.* — Police générale. — Algérie.

Marine. — Inscription maritime. — Troupes de la marine.

Droit privé. — Définition. — Promulgation des lois.

Code civil. — Etat civil. — Propriété.

Code de commerce. — Des sociétés. — Sociétés ordinaires, en commandite, anonymes.

Code pénal.

10°.— *Droit des gens ou international.*

Droit des gens naturel. —. Egalité. — Indépendance. — Inviolabilité.

Droit de la paix. — Commerce international. — Liberté des mers. — Polices sanitaires. — Missions diplomatiques. — Agents consulaires.

Droit de la guerre. — Déclarations de guerre. — Moyens permis ou interdits à la guerre. — Trêves et armistices. — Capitulations.

De la neutralité. — Guerres maritimes. — Traités de paix.

IIᵉ PARTIE. — LÉGISLATION MILITAIRE
(14 leçons).

ORGANISATION DE L'ARMÉE.

RÉCOMPENSES.— HONNEURS.— CHATIMENTS. (11 leçons.)

11ᵉ. — *De la force publique.* — Ses divisions.
De l'armée. — Il faut que l'armée soit nationale.
Institutions militaires. — Commandement. — Hiérarchie. — Obéissance. — Organisation. — Discipline. — Administration.
Composition générale d'une armée. — Pied de paix. — Armée active. — Réserve.
12ᵉ. — *Composition de l'armée active en France.* — Etats-majors généraux. — Officiers généraux. — Corps d'état-major. — Intendance. — Etats-majors particuliers. — Id. des places. — Id. de l'artillerie, du génie. — Dispositions communes à l'artillerie et au génie.
13ᵉ. — *Corps de troupe.* — Définition. — Organisation régimentaire. — Dépôts. — Formation d'un corps nouveau. — Vétérans. — Compagnies de discipline. — Troupes indigènes de l'Algérie. — Gendarmerie.
Troupes d'administration. — Commis aux écritures. — Infirmiers militaires. — Ouvriers militaires d'administration.
Corps des équipages militaires.
14ᵉ. — *Personnels administratifs.*
Aumôniers militaires.
Corps de santé. — Organisation. — Recrutement. — Administration. — Avancement.
Vétérinaires.
Officiers d'administration. — Hiérarchie. — Recrutement. — Attributions.

Interprètes militaires.

Employés militaires de l'artillerie et du génie.

Moyens d'instruction de l'armée.

Etablissements militaires.

15e. — *Effectif de l'armée.* — Moyens de le constater.

Du recrutement de l'armée.— Historique du recrutement en France. — Lois de l'an VI, de 1818, 1824, 1832, 1855 et 1868. — Principes de la nouvelle loi militaire.

16e. — *Des appels.* — Opérations préliminaires. — Tableaux de recensement. — Tirage au sort. — Répartition départementale et cantonale.

Formation du contingent. — Conseils de révision. — Exemptions, dispenses, substitutions (et remplacements s'il y a lieu). — Soutiens de famille.

Versement du contingent dans l'armée.— Dépôts de recrutement. — Appel d'une classe à l'activité. — Devancements d'appel. — Arrivée au corps. — Insoumis. — Engagements volontaires. — Rengagements.

17e.— *Des variations de l'effectif.* — Variations relatives. — Diminutions momentanées. — Diminutions définitives.

Moyens conservatoires de la discipline. — Récompenses. — Châtiments.

Etude des récompenses militaires. — Avancement. — Positions spéciales. — Distinctions honorifiques. — Légion d'honneur. — Médaille militaire. — Ordres étrangers.

18e. — *Des pensions militaires.* — Pensions pour services éminents.— Pensions de retraite pour ancienneté, pour blessures ou infirmités. — Pensions de réforme. — Pensions de veuves. — Secours aux orphelins. — Gratifications de réforme renouvelables.— Secours éventuels. — Invalides.

19e. — *Des châtiments.* — Punitions disciplinaires. — Envoi aux compagnies de discipline.— Suspensions.

— Csasations.— Non-activité et réforme pour les officiers.

Justice militaire. — Sa nécessité. — Des délits, des crimes et des peines. — Organisation des tribunaux militaires. — Conseils de guerre, de révision ; prévôtés. — Compétence des tribunaux militaires. — Appels à la Cour de cassation.

20ᵉ. — *Procédure* devant les conseils de guerre ; id. devant les conseils de révision ; id. devant les prévôtés. — Prescription. — Absence. — Action suspensive des jugements. — Grâces. — Amnistie. — Réhabilitation. — Frais de justice militaire.

21ᵉ. — *De l'expiation.* — Etablissements pénitentiaires. — Prisons militaires. — Pénitenciers militaires.— Ateliers de travaux publics.

Relations de l'armée avec les autres parties de la force publique et avec les citoyens. — Relations avec la marine. — Relations avec les citoyens suivant les états de paix, de guerre ou de siége.

Honneurs et préséances.

ÉTAT LÉGAL EXCEPTIONNEL DES MILITAIRES (3 leçons).

22ᵉ. — *Etat légal exceptionnel des militaires.* — Charges et droits communs aux militaires et aux citoyens. — Charges spéciales aux militaires. — Droits et priviléges spéciaux aux militaires.— Loi du 19 mai 1834 sur l'état des officiers.

23ᵉ. — *Des droits civils* et de la manière de les constater. — Actes de l'état civil aux armées. — Officiers de l'état civil. — Registres de l'état civil. — Formalités relatives aux naissances, aux mariages et aux décès.

24ᵉ.— *Du domicile légal.* — Domicile des militaires. — Garanties en faveur des militaires absents. — *Certificats de vie.* — *Des testaments.* — Testaments ordinaires. — Testaments militaires. — Testaments maritimes.

Procurations.

Successions des militaires. — Appositions des scellés aux armées. — Inventaires.

DEUXIÈME ANNÉE. — (28 leçons.)

IIIᵉ PARTIE. — LÉGISLATION ADMINISTRATIVE
(28 leçons).

ADMINISTRATION DE LA GUERRE (3 leçons).

1ʳᵉ Leçon. — *De l'administration de la guerre.* — Personnel de l'administration. — Ministre. — Buréaux de la guerre. — Fonctionnaires administratifs. — Personnel d'exécution des services.

Ressources financières. — Budget. — Emprunts. — Contributions de guerre. — Prises. — Appels. — Dons nationaux.

2ᵉ. — *Richesse immobilière.* — Domaine militaire. — Accroissements. — Amodiations. — Diminutions. — Servitudes militaires. — Zone frontière. — Pla.es de guerre.

3ᵉ. — *Richesse mobilière.* — Diminutions. — Transformation. — Augmentation.

Des marchés. — Modes divers de marchés. — Passation des marchés. — Cautionnements. — Effets des marchés. — Fin des marchés.

RÈGLES D'EXÉCUTION DES SERVICES ADMINISTRATIFS
(3 leçons).

4ᵉ. — *Règles générales d'exécution* des services. — De la gestion. — Modes divers de gestion. — Comptabilité. — Situations. — Bordereaux. — Récépissés comptables. — Factures.

5e. — Des livres et registres de comptabilité. — Diverses natures de comptes. — Comptes en deniers. — Comptes en matières. — Inventaires. — Comptes de revue.

6e. — Acquittement des dépenses publiques. — Liquidation. — Ordonnancement. — Paiement. — Comptabilité des crédits. — Du contrôle local, central, extérieur.

FONCTIONNEMENT DES DIVERS SERVICES (13 leçons).

7e. — *Des services administratifs.* — *Services des subsistances.* — Considérations générales. — De la production alimentaire. — Organisation du service des subsistances. — Personnel. — Locaux. — Mobilier. — Exécution du service. — Réception. — Conservation. — Distributions. — Versements à d'autres comptables et expéditions. — Comptabilité en deniers et en matières. — Fournitures remboursables.

8e. — *Services des vivres-pain.* — Organisation du service. — Réception des blés. — Conservation des blés. — Modes divers de conservation. — Transformation des grains en farines. — Conservation des farines. — Fabrication du pain et du biscuit. — Distributions et comptabilité.

9e. — *Services des vivres-viande.* — Entreprise. — Gestion directe. — Service mixte. — Troupes en marche. — Salaisons. — Vivres de campagne. — Limites de la charge à imposer aux soldats.

Liquides. — Fourniture de l'eau potable.

Service des fourrages. — Entreprise. — Gestion directe. — Précautions contre l'incendie. — Pressage du foin. — Fourrages verts. — Paille de couchage.

10e. — *Service du chauffage et de l'éclairage.* — Cuisson des aliments. — Chauffage des chambres. — Chauffage et éclairage des corps de garde. — Eclairage des bâtiments militaires. — Approvisionnements de siége. — Dispositions spéciales aux îles et forts en mer.

11e. — *Service de l'habillement et du campement.* — Organisation générale du service. — Ateliers régimentaires. — Ateliers civils.

Magasins centraux. — Approvisionnements. — Livraisons et réceptions.— Conservation.— Demandes et expéditions. — Paiement des fournitures. — Comptabilité. — Dispositions spéciales au campement. — Colis des corps en campagne. — Armement. — Conservation et réparation des armes dans les corps.

12e. — *Service du logement.* — Bivouacs. — Cantonnements. — Campements et baraquements.— Logement chez l'habitant.

Casernement. — Historique. — Assiette du casernement. — Occupation des locaux. — Travaux et réparations.

13e. — *Service des lits militaires.* — Composition du mobilier. — Fixations. — Distributions aux corps. — Conservation dans les corps. — Réintégration en magasin.— Comptabilité. — Blanchissage du linge de la troupe. — Ameublement des officiers généraux.

Service de la remonte. — Dépôts de remonte.— Achats. — Soins à donner dans les dépôts. — Livraisons aux corps de troupes. — Achats dans les corps. — Achats par marchés généraux.— Achats en Algérie. — Remonte à titre gratuit, — à titre onéreux, — à titre temporaire.

14e. — *Service de marche.* — Mouvements des corps et détachements. — Feuilles de route. — Service des frais de route des militaires isolés. — Indemnité de route. — Avances en argent. — Avances en effets de petit équipement. — Fourniture d'effets au compte de l'Etat. — Comptabilité. — Indemnité de déplacement. — Indemnité extraordinaire de voyage. — Secours et avances aux militaires à l'étranger.

Service des convois.

8.

Transports par chemins de fer.
15ᵉ. — *Service des transports généraux.* — Formalités au départ et à l'arrivée. — Transports particuliers. — Transports de poudre. — Magasins des corps. — Comptabilité.

Transports maritimes. — Navires de guerre. — Bateaux de commerce.

Transports en campagne. — Moyens généraux de transport. — Equipages auxiliaires, d'entreprise, de réquisition, à l'économie. — Equipages particuliers. — Moyens complémentaires. — Liquidation.

Transport de la correspondance officielle. — Règlement sur les franchises postales.

16ᵉ. — *Service hospitalier.* — Infirmeries régimentaires. — Locaux. — Comptabilité. — Hôpitaux militaires. — Personnel. — Police et surveillance du service. — Entrée des malades. — Prescriptions médicales. — Distributions. — Sorties par guérison, par convalescence, par incurabilité, par évacuation, par évasion, par décès.

17ᵉ. — *Service intérieur des hôpitaux.* — Dépense. — Magasins. — Pharmacie. — Comptabilité. — Hospices civils. — Hôpitaux thermaux. — Service dans les armées actives. — Ambulances. — Hôpitaux temporaires.

18ᵉ. — *Service de la solde.* — Positions générales et individuelles. — Solde d'activité. — Solde de guerre, — de route, — de congé, — d'hôpital, — de détention, — de captivité. — Solde de disponibilité, — du cadre de réserve. — Solde de non-activité, — de réforme. — Accessoires de solde. — Suppléments. — Indemnités. — Gratifications. — Masses. — Masse individuelle. — Masse générale d'entretien. — Masse de harnachement et ferrage. — Masse des bâts et cantines. — Prestations en nature.

19ᵉ. — Constatation des droits à la solde. — Contrôle. — Officiers sans troupe. — Corps de troupes.

— Revues d'effectif. — Paiement de la solde. — Délégations.—Retenues.—Revues générales de liquidation. — Revues des officiers sans troupe. — Feuilles de journées et revues des corps de troupes. — Vérification des revues.

ADMINISTRATION DES CORPS DE TROUPES. (5 leçons.)

20ᵉ. — *Administration intérieure des corps de troupes.* —Conseils d'administration. — Composition des conseils. — Leur installation. — Leurs attributions générales. — Fonds des conseils. — Agents des conseils. — Major. — Trésorier. — Officier d'habillement. — Commandants de compagnie.—Du contrôle. — Immatriculation des hommes, des chevaux et des voitures.

21ᵉ.— *Administration des deniers dans les corps de troupes.* — Nature des recettes et des dépenses. — Registre-journal des recettes et des dépenses. — Administration des masses. — Masse individuelle. — Masse d'entretien. — Compte de la gestion administrative en deniers des conseils. — Registre de centralisation. — Etablissement d'une centralisation.

22ᵉ. — *Administration des matières dans les corps de troupes.* — Prestations en nature. — Habillement. — Approvisionnements généraux des corps. — Division du matériel.—Demandes.—Réceptions.—Achats directs. — Confections. — Distributions. — Entretien des effets. — Réintégrations.

Effets hors de service.

Compte ouvert avec les compagnies.

Versements ou expéditions de matières.

Comptabilité de l'habillement.

Compte annuel de gestion.

23ᵉ. — *Administration des compagnies.* — Registres à tenir dans les compagnies. — Solde de la troupe. — Ordinaires. — Commissions d'ordinaire.— Action des capitaines sur l'administration des masses individuelles. — Administration des portions détachées, à l'intérieur, en campagne.

24e. — *Administration de la 2me portion du contingent.* — Habillement. — Solde et masse individuelle. — Armement.

Dispositions spéciales à la gendarmerie. — Solde. — Masse individuelle. — Masse d'entretien et de remonte. — Masse de secours. — Parts d'amendes, primes, etc. — Habillement. — Conseils d'administration spéciaux.

Inspections administratives. — Opérations relatives à la formation ou au licenciement d'un corps.

ADMINISTRATION DES ARMÉES EN CAMPAGNE (4 leçons).

25e. — *Administration des armées en campagne.* — Préliminaires de la guerre. — Moyens divers de se procurer de l'argent. — Réserves en hommes. — Remontes. — Approvisionnements généraux. — Organisation de l'armée. — Personnels accessoires. — Réunion des troupes. — Administration sur le territoire national. — Id. sur le territoire ennemi.

26e. — *Organisation administrative de l'armée.* — Rôle de chacun des fonctionnaires de l'intendance attachés à l'armée. — Personnels d'exécution. — Personnels accessoires.

Formation des approvisionnements. — Des magasins.

27e. — *Mouvements des approvisionnements.* — Voies navigables. — Voies ferrées. — Routes ordinaires. — Relais et convois. — Gîtes d'étape.

Emploi et distribution des approvisionnements. — Subsistances. — Habillement.

Service hospitalier. — Infirmeries. — Ambulances divisionnaires. — Hôpitaux temporaires. — Evacuations.

28e. — *Service actif* dans les corps d'armée et les

divisions. — Cantonnements. — Marches. — Séjours. — Marche en retraite. — Rapports avec les corps de troupes. — Combats. — Appels et recherche des disparus. — Inhumations. — Liquidations administratives.

TRAVAUX D'APPLICATION.

PREMIÈRE ANNÉE.

. . . .

DEUXIÈME ANNÉE.

Visite de la manutention des vivres. — Rapport sur cette visite.

Visite d'un hôpital militaire, du magasin central et des ateliers Godillot. — Rapports sur ces visites.

Projet d'organisation administrative d'un corps d'armée.

COURS D'ART ET D'HISTOIRE MILITAIRES
(48 leçons).

PREMIÈRE ANNÉE. — (22 leçons.)

1° INSTITUTIONS MILITAIRES DES ÉTATS. (8 leçons.)

1re Leçon. — Plan et ensemble du cours. — Ses divers objets. — Liaison entre l'art et l'histoire militaires. — De la guerre. — De l'art militaire. — Sa définition. — Son importance. — Coup d'œil rapide sur l'histoire de l'art militaire depuis son origine jusqu'à nos jours.

2°. — *Systèmes militaires des Etats.* — Leurs diverses formes. — Différents éléments qu'ils comportent.

Des armées permanentes. — Raisons qui les rendent nécessaires. — Considérations relatives à la détermination de leur chiffre. — Principes d'organisation des armées permanentes. — Des corps de ligne. — Des cadres. — De la hiérarchie. — Des corps hors ligne.

3°. — *Des réserves.* — Réserves de l'armée permanente. — Réserves nationales.

Du recrutement. — Ses différents modes à diverses époques. — Méthodes modernes. — Avantages et inconvénients. — Considérations relatives aux détails du recrutement.

Des remontes. — Action du gouvernement dans la production des chevaux.

4°. — *De la discipline.* — De la justice militaire. — De l'avancement et des récompenses.

De l'administration. — *De l'instruction.* — *Des établissements* du matériel.

5°. — *Système militaire de la France.* — Considérations générales. — Organisation de l'armée permanente. — Troupes et états-majors. — Réserves et divers autres éléments des institutions militaires.

6°. — *Institutions militaires de l'Allemagne.* — Considérations générales. — Organisation de l'armée permanente. — Etats-majors. — Corps de ligne et corps hors ligne. — Des réserves. — Landwehr et landsturm. — Ensemble de l'armée allemande.

7°. — *Organisation militaire de l'Autriche.* — Ses institutions politiques et ses divisions territoriales. — Institutions militaires. — Armée permanente. — Etats-majors et troupes. — Réserves. — Régiments frontières et autres éléments du système militaire autrichien.

Coup d'œil sur l'armée italienne.

8°. — *Système militaire de la Russie.* — Considérations générales. — Tableau de l'armée russe. — Ses divers éléments. — Réserves. — Recrutement. — Discipline. — Administration — Instruction. — Etablissements.

Coup d'œil sur l'organisation militaire de l'Angleterre.

2° ORGANISATION DES ARMÉES ACTIVES. (7 leçons)

9°. — Objet de la deuxième partie du cours de première année.

De l'infanterie. — Considérations générales. — Son organisation. — Ses propriétés tactiques. — Des formations de l'infanterie. — Formation déployée. — Ses avantages, ses inconvénients. — Modifications. — Ordre en échelons et ordre en échiquier.

10°. — Suite de l'étude de l'infanterie. — Formation en colonne. — Avantages et ivconvénients. — Diverses espèces de colonnes. — Formation mixte. — Formation en carré. — Manœuvres. — Formations irrégulières de l'infanterie légère.

11°. — *De la cavalerie.* — Considérations générales. — Diverses espèces de cavalerie. — Du cheval et des armes que l'on doit donner au cavalier. — Organisation de la cavalerie. — Ses propriétés. — Des charges. — Des formations régulières de la cavalerie. — De ses manœuvres. — De ses formations irrégulières.

12°. — *De l'artillerie.* — Considérations générales. — Ses attributions. — Organisation de l'artillerie. — Ses propriétés. — Différentes espèces de tir. — Diverses espèces de batteries. — Emploi de l'artillerie dans les principales circonstances de la guerre. — Formations et manœuvres de l'artillerie. — Des corps hors ligne.

13°. — Combinaison des différentes armes entre elles. — Principes suivis pour les employer ensemble. — Force et composition des armées actives. — Leur organisation en brigades, divisions et corps d'armée. — Des brigades mixtes. — Des corps de réserve. — Etats-majors et divers services.

14e. Rassemblement des armées actives. — Ordre de bataille primitif. — Organisation permanente des corps d'armée et des divisions. — Diverses espèces des approvisionnements. — Principes et calculs relatifs aux subsistances, aux effets d'habillement et aux munitions de guerre. — Magasins et hôpitaux. — Diverses espèces d'équipages, particuliers, réguliers et auxiliaires.

15e. — *Des cantonnements.* — Circonstances dans lesquelles on les prend. — Reconnaissances préliminaires. — Conditions que doivent remplir les cantonnements. — Détails de leur assiette. — Répartition des troupes. — Organisation du service et travaux de défense.

Des camps et bivouacs. — Principes généraux de l'établissement des diverses armes.

3° PETITES OPÉRATIONS ET RECONNAISSANCES (7 leçons.)

16e. — Objet de la 3e partie du cours de première année.

Des avant-postes. — Grand'gardes, petits postes, sentinelles, vedettes. — Rondes, patrouilles. — Parlementaires et déserteurs.

Détachements. — Leur objet, leur composition, leur ordre de marche.

17e. — *Des convois.* — Leur objet, leur nature. — Détails de leur organisation. — Répartition de leur escorte. — Leur défense et leur attaque.

Des partisans et des flanqueurs. — Leur objet. — Leur composition. — Leur emploi. — *Des embuscades* et des surprises. — Principes de leur exécution.

18e. — *Des contributions.* — Leur objet. — Comment on les exécute.

Des fourrages. — Fourrages au vert. — Reconnaissances préliminaires. — Fourrageurs. — Escorte.

Fourrages au sec ou contributions en nature. — Calculs préparatoires et règles d'exécution.

19e. — *Des reconnaissances.* — Définition. — Classification. — Importance des reconnaissances. — Du coup d'œil militaire. — Eléments que comporte l'exécution d'une reconnaissance : Rapport et croquis. — Des reconnaissances journalières. — Des reconnaissances offensives.

20e. — Des reconnaissances spéciales. — Reconnaissances topographiques. — Reconnaissances des voies de communication. — Classification, nature, tracé, entretien, divers accidents. — Destruction. — Des chemins de fer. — Leurs relations avec les théâtres d'opérations. — Leur reconnaissance. — Des défilés. — Comment on doit les reconnaître, les défendre, les attaquer.

21e. — Reconnaissance des cours d'eau. — Eaux courantes, sources, ruisseaux, torrents, rivières, fleuves et canaux. — Eaux stagnantes. — Marais, lacs, inondations. — Reconnaissance des hauteurs. — Reconnaissance des positions militaires et de leurs abords.

22e. — Reconnaissance des lieux habités, maisons isolées, villages, bourgs et villes : leur attaque et leur défense. — Reconnaissance des bois. — Manière de les occuper et moyens d'en déloger l'ennemi. — Des reconnaissances statistiques. — Des espions, des prisonniers, des cartes. — Conclusion du cours de 1re année.

DEUXIÈME ANNÉE. — (26 leçons.)

1° ÉTUDE DU ROLE QUE JOUE LE TERRAIN A LA GUERRE. (6 leçons.)

1re leçon. — Objet et division du cours de 2e année. — Différents théâtres sur lesquels opèrent les armées. — Diverses parties de l'art de la guerre. — Introduction à la stratégie. — Différence entre la tactique et la stratégie.

2ᵉ. — Introduction à la grande tactique. — Considérations générales. — Diverses influences que subit la tactique. — Influence particulière des nouvelles armes sur la tactique moderne. — Du champ de bataille. — Son étendue. — Ses divers accidents. — Relations, combinaisons et manœuvres tactiques.

3ᵉ. — Des frontières considérées comme théâtres d'opérations. — Diverses espèces de frontières. — Eléments de force des frontières militaires. — Obstacles naturels et obstacles artificiels. — Ancien système d'organisation des frontières. — Système moderne pour la répartition des p'aces fortes et pour la défense des Etats. Des siéges considérés dans leurs rapports avec les armées actives.

4ᵉ. — Influence du terrain sur les opérations militaires. — Considérations générales. — Rôle et importance des principaux accidents du terrain au point de vue stratégique et au point de vue tactique. — Examen des voies de communication, des lieux habités et des bois.

Etude des hauteurs et des montagnes. — Principes généraux de la guerre des montagnes.

5ᵉ. — Influence des cours d'eau sur les opérations. Considérations générales.

Des cours d'eau considérés au point de vue stratégique : leur rôle, manière de les constituer en ligne de défense.

Des cours d'eau considérés au point de vue tactique. — Divers passages de rivière offensifs. — Défense d'un point particulier d'un cours d'eau.

6ᵉ. — Concentration d'une armée au début des opérations. — Des marches en général. — Leur classification.

Des marches de route, leur division en marches ordinaires, accélérées et en poste : détails de chacune de ces marches.

Transport des troupes par chemin de fer. — Importance de ce mode de transport. — Règles d'exécution.

2° DE LA STRATÉGIE (8 leçons.)

7°. — Objet et division de la 2ᵉ partie du cours.

De la stratégie. — Son importance. — Ses difficultés. — Ses principales combinaisons.

Des points stratégiques d'un théâtre d'opérations. — Leur nature. — Leur classification. — Leur rôle.

8°. — *Des bases d'opérations.* — Comment elles sont constituées. — Conditions qu'elles doivent remplir. — Principes relatifs à leur étendue et à leurs directions. — Différentes espèces de bases. — Des bases d'opérations considérées dans la défensive et combinées avec les lignes de défense.

Des fronts d'opérations. — Leur nature, leur étendue, leur direction.

9°. — *Des lignes d'opérations.* — Comment elles sont établies. — Conditions qu'elles doivent remplir. — Rapports de la ligne d'opérations avec la base et avec l'objectif. — Considérations relatives au choix des lignes d'opérations. — Diverses espèces de lignes d'opérations. — Des lignes d'opérations considérées dans la défensive.

Des lignes de communication. — Leur organisation, leur rôle. — Principales circonstances dans lesquelles on les emploie.

10°. — Des lignes d'opérations doubles et multiples. — Leur caractère. — Principales circonstances dans lesquelles on les emploie. — Examen de leur direction et de leurs rapports, soit entre elles, soit avec les lignes de l'ennemi.

Influence des inventions modernes sur la stratégie, dans les guerres continentales et dans les opérations maritimes.

11°. — *Des plans de campagne.* — Considérations générales. — Conditions qu'ils doivent remplir. — Base commune à l'offensive et à la défensive. — Du plan de campagne offensif. — Ses diverses parties. —

Du plan de campagne défensif. — Préparation de la défense directe et organisation de la défense indirecte.

12e. — *Des marches stratégiques*, en général. — Leur caractère. — Leur classification. — Des marches stratégiques de front. — Leur ouverture. — Choix des débouchés et composition des colonnes. — Leur exécution. — Place des troupes dans les colonnes. — Dispositions à prendre pour se garder et s'éclairer. — Marches stratégiques de flanc. — Leurs inconvénients. — Leur caractère et leur objet. — Leur préparation et leur exécution.

13e. — Des marches stratégiques rétrogrades et des retraites. — Différentes espèces de retraites. — Diverses manières d'exécuter une retraite. — Préparation d'une retraite. — Détails de son exécution. — Rôle particulier de l'arrière-garde. — Des poursuites. — Diverses espèces de poursuites.

14e. — *Ensemble des opérations stratégiques* d'une campagne. — Considérations générales.

Campagne offensive. — Avantages de l'initiative en stratégie. — Diverses périodes de la campagne. — Ses résultats.

Campagne défensive. — Préparation de l'échiquier. — Concentration de l'armée. — Différents moyens de résistance, et diverses périodes de la campagne.

3° DE LA GRANDE TACTIQUE (8 leçons).

15e. — Objet de la 3e partie.
Des positions militaires. — Considérations générales. — Leur classification. — Etude d'une position militaire. — Considérations relatives à son importance. — Eléments qui constituent sa force. — Diverses parties d'une position. — Conditions qu'elles doivent remplir.

16e. — Occupation et mise en état de défense des obstacles naturels qui se trouvent sur une position militaire.

Emploi des retranchements en campagne. — Travaux de fortification passagère, et obstacles artificiels que l'on élève sur le champ de bataille. — Principes généraux de la répartition des troupes sur la position.

17e. — *Des ordres de bataille*. — Leur classification. — Leurs différentes formes. — Principes de la formation des ordres de bataille. — Ordre de bataille primitif d'un corps d'armée. — Id. d'une armée. — Modificatious apportées à l'ordre de bataille primitif par les formes du terrain.

Conditions que doit remplir un ordre de bataille défensif.

18e. — Des ordres de bataille offensifs. — Considérations générales. — Diverses espèces d'attaques. — Choix des points d'attaque. — Considérations qui déterminent ce choix. — Conditions que doivent remplir les ordres de bataille offensifs. — Composition des corps d'attaque. — Attaque d'aile, avantages et inconvénients. — Forme générale de l'ordre de bataille qui prépare cette attaque.

19e. — Des attaques centrales. — Des attaques de flanc. — Des attaques de revers. — Avantages. — Difficultés et règles d'exécution. — Des attaques partielles combinées. — Attaques sur les deux ailes. — Attaques sur le centre et sur une aile. — Attaques d'aile et de flanc. — Formation des ordres de bataille à la suite des marches stratégiques.

20e. — *Des marches tactiques*. — Leur caractère. — Leur classification. — Des marches tactiques de front. — Circonstances dans lesquelles on les emploie. — Règles de leur ouverture. — Détails de leur exécution. — Des marches tactiques de flanc. — Leurs difficultés. — Principes d'après lesquels on les prépare et d'après lesquels on les exécute.

21e. — *Des batailles en général*. — Leur classification. — Des batailles offensives. — Raisons qui les amènent. — Avantages et inconvénients de l'offensive dans les engagements. — Diverses périodes d'une bataille offensive. — Première période : les préliminaires. — Seconde période : l'engagement. — Troisième période : ses conséquences.

22e. — *Des batailles défensives.* — Considérations qui les amènent. — Avantages et inconvénients de la défensive.

Diverses périodes d'une bataille défensive. — Première période : préliminaires. — Seconde période : résistance aux diverses attaques. — Troisième période : conséquences de l'engagement. — Partie morale de l'art de la guerre et conclusion du cours.

4° ORGANISATION ET SERVICE DES ETATS-MAJORS
(4 leçons).

23e. — Considérations générales. — Objet et utilité des états-majors. — Aperçu historique sur les états-majors. — Organisation sous l'ancienne monarchie, la république et le premier Empire.

Organisation moderne de 1818, 1826 et 1833.

Modifications à diverses époques.

Service des officiers d'état-major dans les régiments.

24e. — Positions diverses des officiers d'état-major. — Principes généraux relatifs à l'organisation des bureaux, à l'usage du *Journal militaire*, aux formes extérieures de la corresponpance, aux registres à tenir, aux situations à faire établir. — Service des officiers d'état-major dans les divers états-majors attachés aux commandements territoriaux et aux commandements actifs.

25e. — Service des aides de camp. — Principes généraux.

Des revues trimestrielles et des inspections générales.

Du dépôt de la guerre. — Son historique. — Son organisation. — Ses travaux.

26°. — Coup d'œil sur les états-majors étrangers.

États-majors de l'Allemagne, de l'Autriche, de la Russie.

De la littérature militaire. — Ouvrages didactiques et ouvrages historiques.

TRAVAUX D'APPLICATION.

PREMIÈRE ANNÉE.

Questions militaires. — Institutions militaires des États. — Organisation des armées. — Petites opérations.

Reconnaissances exécutées sur le terrain avec application des principes relatifs aux petites opérations suivies d'un rapport et d'un croquis.

Un mémoire à l'appui du levé régulier contenant la solution d'une question militaire spéciale.

Un exercice de tracé de camp, avec un rapport

DEUXIÈME ANNÉE.

Un mémoire à l'appui du levé expédié, contenant la solution d'une question militaire spéciale.

Un précis de campagne, avec une description géographique du théâtre d'opérations.

Des reconnaissances à cheval, donnant lieu à des rapports avec dessins à l'appui.

Des exercices relatifs au service spécial d'état major.

ÉTUDE DES RÈGLEMENTS SUR LES MANŒUVRES ET LES DIVERS SERVICES.

PREMIÈRE ANNÉE.

THÉORIE. { Service intérieur des troupes à cheval. (Règlement du 2 novembre 1833).
Bases de l'instruction (Règlem. provisoire de 1871).
Ecole du cavalier à pied (moins ce qui concerne l'exercice du fusil). (Règlem. provis. de 1871.)
Ecole du cavalier à cheval (moins ce qui concerne l'exercice du fusil). (Règlem. provis. de 1871).
Ecole du peloton à cheval (Règl. prov. de 1871).
Ecole de l'escadron à cheval (Règl. prov. de 1871).

TRAVAIL PRATIQUE. { Exercice du sabre à pied.
Ecole du cavalier à cheval.
Ecole de peloton à cheval (1re moitié).

ENSEIGNEMENT SPÉCIAL POUR LES OFFICIERS SORTANT DE L'ÉCOLE POLYTECHNIQUE ET DE LA CAVALERIE.

THÉORIE. { Ecole du soldat (Règlem. du 16 mars 1869)
Ecole de peloton   id.
Ecole de bataillon   id.

TRAVAIL PRATIQUE. { Démontage, remontage et entretien de l'arme. } Fusil modèle 1866.
Maniement des armes.

DEUXIÈME ANNÉE.

THÉORIE. { Ecole du régiment (infanterie). (Règlement du 16 mars 1869).
Ecole du régiment et évolutions de ligne (cavalerie). (Règlement provisoire de 1871).
Service en campagne (Règlement du 3 mai 1832).
Service des places (Règlement du 13 oct. 1863).

TRAVAIL PRATIQUE. { Ecole de peloton à cheval (2e moitié)
Ecole de l'escadron à cheval.
Ecole du régiment.

ÉQUITATION.

Leçons d'équitation civile pendant les deux années.

COURS D'HIPPOLOGIE (47 leçons).

PREMIÈRE ANNÉE. — (25 leçons.)

1ʳᵉ *Leçon.* — De l'organisation du cheval en général.

2ᵉ. — *Des os.* — De leurs fonctions. — De leur division. — Articulations.

3ᵉ. — *Du squelette.* — Définitions. — Division. — Déduction à tirer du plus ou moins grand développement de certaines parties.

4ᵉ. — *Des muscles.* — Définition, composition, division, fonctions.

5ᵉ. — *De la digestion.* — Définition. — Appareil. — Mécanisme.

6ᵉ. — *De la circulation.* — Définition. — Description de l'appareil. — Composition du sang. — Mécanisme de la circulation.

7ᵉ. — *De la respiration.* — Définition. — Appareil. — Mécanisme. — Composition de l'air. — Différence entre l'air inspiré et l'air expiré.

8ᵉ. — *De la nutrition* et des sécrétions.

9ᵉ. — *De l'innervation.* — Définition. — Description succincte du système nerveux : ses fonctions.

10ᵉ. — *De la vue.* — Définition. — Description de l'œil. — Défectuosités et maladies dont il peut être affecté.

11ᵉ. — *De l'ouïe.* — Définition. — Description de

9.

l'appareil auditif. — Mécanisme de l'audition. — Déductions à tirer de l'immobilité ou des mouvements des oreilles.

12e. — Utilité de l'étude de l'extérieur. — Beautés et défectuosités absolues et relatives.

De la tête. — Ses caractères, ses rapports avec les autres régions du corps. — Ses différentes formes.

13e. — Examen des différentes parties de la tête. — Leurs beautés et leurs défectuosités. — Maladies qui peuvent les affecter.

14e. — *De l'encolure*. — Ses attaches. — Ses rapports avec les autres régions du corps. — Ses différentes positions. — Son rôle dans la locomotion.

15e. — *Le garrot, le dos, le rein et la croupe*. — Leurs beautés et leurs défectuosités absolues et relatives. — Maladies qui peuvent les affecter.

16e. — *La queue*. — Sa base, ses beautés et ses défectuosités. — Ses diverses formes. — Indices qu'elle fournit sur la forme et sur le caractère du cheval.

17e. — *Le poitrail, la poitrine, les côtes et le flanc*. — Leurs beautés et leurs défectuosités absolues et relatives.

18e. — *Des membres antérieurs*. — Description des divers rayons. — Leurs beautés et leurs défectuosités absolues et relatives. — Tares qui peuvent les affecter.

19e. — *Des membres postérieurs*.

20e. — *Des aplombs*. — Utilité de leur étude. — Examen des aplombs des membres antérieurs et postérieurs vus de face et de profil.

21e. — *Des proportions*. — Définition. — Importance de leur étude. — Proportions absolues et relatives.

22e. — *De l'âge*. — Utilité de son étude. — Description et anatomie des dents. — De la bouche considérée sous le rapport de l'embouchure.

23°. — Signes indicatifs de l'âge. — Anomalies que présentent souvent les dents. — Moyens employés pour vieillir et pour rajeunir les chevaux.

24°. — *Des robes*. — Définition. — Division. — Description. — Influence de l'âge et des saisons sur les robes.

25°. — *Des particularités*. — Définition. — Division. — Description. — Leur importance dans les signalements. — Signalement simple et signalement composé.

DEUXIÈME ANNÉE. — (22 leçons.)

—————

1re Leçon. — Ages, sexes, tempéraments.

Influence de l'air, des saisons et des climats sur l'organisation. — Acclimatement des jeunes chevaux dans les corps. — Salubrité des écuries.

2°. — *De la peau*. — Définition. — Description. — Fonctions dont elle est le siége. — Utilité du pansage et des bains.

3°. — *Des aliments*. — Définition. — Aliments de distribution et de substitution. — Caractères des bons et des mauvais fourrages. — Proportion des substitutions. — Composition de la ration.

4°. — *Du vert*. — Définition. — Epoques. — Différentes manières de le donner. — A quels chevaux il convient. — Ses effets.

5°. — *De l'eau*. — Caractère de la bonne eau. — Moyens de rendre potable celle qui ne l'est pas. — Quantité nécessaire à l'entretien du cheval.

6°. — *Des tares*. — Définition. — Division. — Place qu'elles affectent. — Leur gravité. — Moyens de les reconnaître.

7°. — *Du pied*. — Parties contenues et contenantes.

20°. — *Des coliques et des indigestions.* — Premiers soins à donner.

21°. — *Des vices rédhibitoires.* — Formalités à remplir. — Délais accordés par la loi.

22° — *Du harnachement.* — Description des divers modèles actuellement en service. — Leurs avantages et leurs inconvénients. — Qualités à rechercher dans le harnachement militaire.

APPLICATIONS.

Visite à l'école vétérinaire d'Alfort pour l'étude des principales maladies.

Course dans la campagne avant l'époque de la fenaison pour l'étude des principales plantes fourragères.

COURS DE LANGUE ALLEMANDE.

Ce cours comprend trois leçons d'une heure chacune par semaine pendant les deux années d'étude, soit environ 100 leçons par an. Trois heures par semaine sont en outre consacrées à des conférences faites par le professeur adjoint ou à des travaux d'étude ou d'application.

COURS DE DESSIN PITTORESQUE.

Trois séances d'une heure et demie par semaine sont consacrées, pendant les deux années, à l'étude du dessin pittoresque.

Pendant la belle saison les élèves des deux divisions sont fréquemment exercés à prendre des vues d'après nature.

LEÇONS D'ESCRIME.

Environ 80 leçons d'escrime pendant chacune des deux années d'école.

TABLEAU *des coefficients des diverses parties de l'instruction pour le passage de 2ᵉ en 1ʳᵉ division à l'École d'état-major.*

SUBDIVISION DES COEFFICIENTS DES TRAVAUX GRAPHIQUES OU D'APPLICATION.

Matière		Coefficient	Travaux graphiques ou d'application	Coefficient
SCIENCES APPLIQUÉES.	Théorie	1 00		
	Travaux	1 00	Perspective d'un intérieur.	0 75
			Deux croquis de perspective paysagiste.	0 25
			Croquis d'architecture.	0 25
			Croquis de chemins de fer.	0 25
			Croquis du levé de machine.	0 25
			Mise au net du levé de machine.	0 75
			Mémoire sur le levé de machine.	0 50
			Rédaction d'un projet de transport.	1 00
				1 00
COSMOGRAPHIE.	Théorie	1 00		
	Travaux	1 00	Projections de cartes.	0 50
			Epure de gnomonique.	0 50
				1 00
TOPOGRAPHIE.	Théorie	1 00		
	Travaux	5 00	1ʳᵉ étude (Charmes et tableau de lettres).	0 50
			2ᵉ étude (Auxerre).	0 50
			3ᵉ étude (d'après le relief).	0 75
			Mise au net d'un levé régulier.	2 00
			Mise au net d'un levé expédié.	1 00
			Itinéraire.	0 25
				5 00

Matière		Coefficient	Travaux graphiques ou d'application	Coefficient
ARTILLERIE.	Théorie	1 00		
	Travaux	1 50	Trois croquis de matériel et une notice.	1 00
			Deux problèmes de balistique.	0 50
				1 50
FORTIFICATION.	Théorie	1 00		
	Travaux	3 50	Tracé de lignes et défilement.	0 75
			Projet d'un ouvrage de campagne.	1 00
			Mémoire sur les deux travaux.	1 00
			Exercice de profilement, notice.	0 25
			Bâtiments militaires : rapport et croquis.	0 50
				3 50
LÉGISLATION ET ADMINISTR.—	Théorie	1 00		
ART MILITAIRE.	Théorie	1 00		
	Travaux	1 00	Trois questions traitées d'après la carte.	0 75
			Rapports sur trois reconnaissances.	1 50
			Mémoire sur le levé régulier.	1 50
			Rapport sur le tracé d'un camp.	0 25
				1 00
RÈGLEMENTS SUR LES MANŒUVRES ET LES SERVICES.		2 00		
ÉQUITATION.		1 00		
HIPPOLOGIE.		1 00		
LANGUE ALLEMANDE.	Epreuves orales.	2 00		
	Epreuves écrites.	2 00		
DESSIN PITTORESQUE.		2 00		
ESCRIME.		1 00		
TENUE DES CAHIERS.		1 00		
CONDUITE ET DISCIPLINE.		1 00		
TOTAL.		60 00		

TABLEAU des coefficients des diverses parties de l'instruction pour la sortie de l'École d'état-major.

			SUBDIVISION DES COEFFICIENTS DES TRAVAUX GRAPHIQUES OU D'APPLICATION.	
GÉOGRAPHIE.	Théorie.	4		
	Travaux.	1	Carte de l'Europe centrale (croquis).	0 50
			Description géographique d'un théâtre d'opérations.	0 50
				1 00
GÉODÉSIE.	Théorie.	4		
			Etude d'après le relief.	1 50
			Réduction de levés.	0 50
	Travaux.	6	Mise au net du levé régulier.	1 50
			Mise au net du levé expédié.	2 00
			Deux itinéraires.	0 50
				6 00
ARTILLERIE.	Théorie.	4		
	Travaux.	3	Epure de ponts militaires.	1 00
			Croquis des principaux types de batteries.	2 00
				3 00
FORTIFICATION.	Théorie.	4	Mémoire sur une place forte.	2 00
	Travaux.	4	Croquis des principaux tracés de fortification permanente.	1 00
			Reconnaissance détaillée d'un ouvrage permanent.	1 00
				4 00
LÉGISLATION ET ADMINISTRATION.	Théorie.	4	Rapports sur des visites d'établissements.	0 50
	Travaux.	1	Projet d'organisation administrative d'un corps d'armée.	0 50
				1 00
ART MILITAIRE.	Théorie.	4	Mémoire sur le levé expédié.	1 00
	Travaux.	4	Précis de campagne.	2 00
			Quatre reconnaissances.	1 00
				4 00
RÈGLEMENTS SUR LES MANŒUVRES ET LES SERVICES.		3		
ÉQUITATION.		3		
HIPPOLOGIE		1		
LANGUE ALLEMANDE.	Épreuves orales.	2		
	Épreuves écrites.	2		
DESSIN PITTORESQUE.		2		
ESCRIME.		1		
TENUE DES CAHIERS.		1		
CONDUITE ET DISCIPLINE.		2		
TOTAL.		60		

LOI

SUR L'AVANCEMENT DANS L'ARMÉE.

A Paris, le 14 avril 1832.

LOUIS-PHILIPPE, Roi des Français,

A tous présents et à venir, salut :

Les Chambres ont adopté, nous avons ordonné et ordonnons ce qui suit :

Art. 1er. Nul ne pourra être caporal ou brigadier, s'il n'a servi activement au moins six mois comme soldat dans un des corps de l'armée.

2. Nul ne pourra être sous-officier, s'il n'a servi activement au moins six mois comme caporal ou brigadier.

3. Nul ne pourra être sous-lieutenant :

1° S'il n'est âgé au moins de dix-huit ans;

2° S'il n'a servi au moins deux ans comme sous-officier dans un des corps de l'armée, ou s'il n'a été pendant deux ans élève des écoles militaires ou polytechnique, et s'il n'a satisfait aux examens de sortie desdites écoles.

4. Tous les militaires de l'armée seront reçus jusqu'à vingt-cinq ans à subir les examens pour l'École polytechnique.

5. Nul ne pourra être lieutenant, s'il n'a servi au moins deux ans dans le grade de sous-lieutenant.

6. Nul ne pourra être capitaine, s'il n'a servi au moins deux ans dans le grade de lieutenant.

7. Nul ne pourra être chef de bataillon, chef d'esca-

dron ou major, s'il n'a servi au moins quatre ans dans le grade de capitaine.

8. Nul ne pourra être lieutenant-colonel, s'il n'a servi au moins trois ans dans le grade de chef de bataillon, de chef d'escadron ou de major.

9. Nul ne pourra être colonel, s'il n'a servi au moins deux ans dans le grade de lieutenant colonel.

10. Nul ne pourra être promu à un des grades supérieurs à celui de colonel, s'il n'a servi au moins trois ans dans le grade immédiatement inférieur.

11. Un tiers des grades de sous-lieutenants vacants dans les corps de troupes de l'armée sera donné aux sous-officiers des corps où aura lieu la vacance.

12. Les deux tiers des grades de lieutenant et de capitaine seront donnés à l'ancienneté du grade, savoir :

Dans l'infanterie et la cavalerie, parmi les officiers de chaque régiment;

Dans le corps d'état-major, sur la totalité des officiers du corps;

Et dans l'artillerie et le génie, parmi les officiers susceptibles de concourir entre eux.

13. La moitié des grades de chef de bataillon et de chef d'escadron sera donnée à l'ancienneté de grade, savoir :

Dans l'infanterie, la cavalerie et le corps d'état-major, aux capitaines sur la totalité de chaque arme ;

Dans l'artillerie et le génie, aux capitaines susceptibles de concourir entre eux.

Les emplois de major seront au choix du Roi.

14. Tous les grades supérieurs à celui de chef de bataillon, chef d'escadron ou major, seront au choix du Roi.

15. L'ancienneté pour l'avancement sera déterminée par la date du brevet du grade, ou, à date semblable, par celle du brevet du grade inférieur.

16. Lorsqu'un officier cessera de faire partie des cadres de l'armée dans tous les autres cas que ceux de mission pour service, de licenciement ou de suppression d'emploi, le temps qu'il aura passé hors des cadres sera déduit de l'ancienneté.

Sera aussi déduit de l'ancienneté le temps passé dans un service étranger au département de la guerre. Est excepté de cette disposition le temps passé pour le service détaché dans la garde nationale, dans la marine ou dans une mission diplomatique.

Sera déduit dans tous les cas le temps passé au service d'une puissance étrangère.

Les officiers qui cesseront de faire partie des cadres de l'armée, par suite de suppression d'emploi ou de licenciement, seront répartis, pour l'avancement, entre les différents corps de l'arme à laquelle ils appartiennent, et qui seront conservés ou créés.

17. Les officiers, prisonniers de guerre, conserveront leurs droits d'ancienneté pour l'avancement ; cependant ils ne pourront obtenir que le grade immédiatement supérieur à celui qu'ils avaient au moment où ils ont été faits prisonniers.

18. Le temps de service exigé pour passer d'un grade à un autre pourra être réduit de moitié à la guerre ou dans les colonies.

19. Il ne pourra être dérogé aux conditions de temps imposées par l'article précédent pour passer d'un grade à un autre, si ce n'est :

1º Pour action d'éclat dûment justifiée et mise à l'ordre du jour de l'armée ;

2º Lorsqu'il ne sera pas possible de pourvoir autrement au remplacement des vacances dans le corps en présence de l'ennemi.

20. En temps de guerre, et dans les corps qui seront en présence de l'ennemi, seront données, savoir :

A l'ancienneté, la moitié des grades de lieutenant et de capitaine ;

Au choix du Roi, la totalité des grades de chef de bataillon et de chef d'escadron.

21. Il ne pourra, dans aucun cas, être nommé à un grade sans emploi ou hors des cadres des états-majors, ni être accordé des grades honoraires.

Il ne pourra également, dans aucun cas, être donné un rang supérieur à celui de l'emploi.

22. Toutes les promotions d'officiers seront immédiatement rendues publiques par insertion au *Journal Militaire officiel* avec l'indication du tour de l'avancement, du nom de l'officier qui était pourvu de l'emploi devenu vacant, et de la cause de la vacance.

23. Nul officier admis à la retraite ne pourra être replacé dans les cadres de l'armée.

24. L'emploi est distinct du grade.

Aucun officier ne pourra être privé de son grade que dans les cas et suivant les formes déterminées par la loi.

25. Toutes les dispositions de la présente loi sont applicables aux troupes d'artillerie et de l'infanterie de la marine.

26. Toutes les dispositions contraires à la présente loi sont abrogées.

La présente loi, discutée, délibérée et adoptée par la Chambre des Pairs et par celle des Députés, et sanctionnée par Nous aujourd'hui, sera exécutée comme loi de l'Etat.

Donnons en mandement à nos Cours et tribunaux, préfets, corps administratifs et tous autres, que les présentes ils gardent et maintiennent, fassent garder, observer et maintenir ; et, pour les rendre plus notoires à tous, ils les fassent publier et enregistrer partout où besoin sera ; et, afin que ce soit chose ferme et stable à toujours, nous y avons fait mettre notre sceau.

Fait à Paris, au palais des Tuileries, le 14e jour du mois d'avril 1832.

Signé : LOUIS-PHILIPPE.

Par le Roi :

Le ministre secrétaire d'Etat au département de la guerre,

Signé : Maréchal Duc de Dalmatie.

Vu et scellé du grand sceau :

Le garde des sceaux de France, ministre secrétaire d'Etat au département de la justice,

Signé : Barthe.

LOI

SUR L'ÉTAT DES OFFICIERS.

Au palais des Tuileries, le 19 mai 1834.

LOUIS-PHILIPPE, Roi des Français,

A tous présents et à venir, salut :
Les Chambres ont adopté, nous avons ordonné et ordonnons ce qui suit :

TITRE Ier. — Du Grade.

Art. 1er. Le grade est conféré par le Roi ; il constitue l'état de l'officier. L'officier ne peut le perdre que par l'une des causes ci-après :

1° Démission acceptée par le Roi ;

2° Perte de la qualité de Français, prononcée par jugement ;

3° Condamnation à une peine afflictive ou infamante ;

4° Condamnation à une peine correctionnelle pour délits prevus par la section 1re et les articles 402, 403, 405, 406 et 407, du chapitre II du titre II du livre III du Code pénal ;

5° Condamnation à une peine correctionnelle d'emprisonnement, et qui, en outre, a placé le condamné sous la surveillance de la haute police, et l'a interdit des droits civiques, civils et de famille ;

6° Destitution prononcée par le jugement d'un conseil de guerre.

Indépendamment des cas prévus par les autres lois en vigueur, la destitution sera prononcée pour les causes ci-après déterminées :

1° A l'égard de l'officier en activité, pour l'absence illégale de son corps, après trois mois ;

2° A l'égard de l'officier en activité, en disponibilité ou en non-activité, pour résidence hors du royaume sans l'autorisation du Roi, après quinze jours d'absence.

TITRE II. — DES POSITIONS DE L'OFFICIER.

2. Les positions de l'officier sont :
L'activité et la disponibilité,
La non-activité,
La réforme,
La retraite.

SECT. Ire. — *De l'activité.*

3. L'activité est la position de l'officier appartenant à l'un des cadres constitutifs de l'armée, pourvu d'emploi, et de l'officier hors cadre employé temporairement à un service spécial ou à une mission.

La disponibilité est la position spéciale de l'officier général ou d'état-major appartenant au cadre constitutif et momentanément sans emploi.

Sect. II. — *De la non-activité.*

La non-activité est la position de l'officier hors cadre et sans emploi.

5. L'officier en activité ne peut être mis en non-activité que par l'une des causes ci-après :

> Licenciement de corps ;
> Suppression d'emploi ;
> Rentrée de captivité à l'ennemi, lorsque l'officier prisonnier de guerre a été remplacé dans son emploi ;
> Infirmités temporaires ;
> Retrait ou suspension d'emploi.

6. La mise en non-activité par retrait ou suspension d'emploi a lieu par décision royale, sur le rapport du ministre de la guerre.

7. Les officiers en non-activité par licenciement de corps, suppression d'emploi ou rentrée de captivité à l'ennemi, sont appelés à remplir la moitié des emplois de leur grade vacants dans l'arme à laquelle ils appartiennent.

Le temps passé par eux en non-activité leur est compté comme service effectif pour les droits à l'avancement, au commandement, à la réforme et à la retraite.

8. Les officiers en non-activité pour infirmités temporaires et par retrait ou suspension d'emploi sont susceptibles d'être remis en activité.

Le temps passé par eux en non-activité leur est compté comme service effectif pour la réforme et pour la retraite seulement.

Sect. III. — *De la réforme.*

9. La réforme est la position de l'officier sans emploi qui, n'étant pas susceptible d'être rappelé à l'activité, n'a pas de droits acquis à la pension de retraite.

10. La réforme peut être prononcée :

1° Pour infirmités incurables ;

2° Par mesure de discipline.

§ Ier. *De la réforme pour infirmités incurables.*

11. La réforme pour infirmités incurables sera prononcée dans les formes voulues par la loi du 11 avril 1831, sur les pensions de l'armée de terre.

§ II. *De la réforme par mesure de discipline.*

12. Un officier ne peut être mis en réforme, pour cause de discipline, que pour l'un des motifs ci-après :

Inconduite habituelle ;

Fautes graves dans le service ou contre la discipline ;

Fautes contre l'honneur ;

Prolongation au delà de trois ans de la position de non-activité, sauf les restrictions énoncées en l'article suivant.

13. La réforme par mesure de discipline des officiers en activité et des officiers en non-activité sera prononcée par décision royale, sur le rapport du ministre de la guerre, d'après l'avis d'un conseil d'enquête dont la composition et les formes seront déterminées par un règlement d'administration publique.

La réforme, à raison de la prolongation de la non-activité pendant trois ans, ne pourra être prononcée qu'à l'égard de l'officier qui, d'après l'avis du même conseil, aura été reconnu non susceptible d'être rappelé à l'activité.

Les avis du conseil d'enquête ne pourront être modifiés qu'en faveur de l'officier.

Sect. IV. — *De la retraite.*

14. La retraite est la position définitive de l'officier rendu à la vie civile et admis à la jouissance d'une pension, conformément aux lois en vigueur.

TITRE III. — DE LA SOLDE.

15. La solde d'activité et celle de disponibilité sont réglées suivant les tarifs approuvés par le Roi.

16. La solde de non-activité est fixée :

1° Pour l'officier sorti de l'activité par suite de licenciement de corps, de suppression d'emploi, de rentrée de captivité à l'ennemi ou d'infirmités temporaires, à la moitié de la solde d'activité dégagée de tous accessoires et de toute indemnité représentative ;

2° Pour l'officier sorti de l'activité par retrait ou par suspension d'emploi, aux deux cinquièmes de la même solde.

17. Les lieutenants et sous-lieutenants en non-activité toucheront les trois cinquièmes de la solde d'activité dépouillée de tous accessoires, par exception au paragraphe 1er de l'article précédent.

18. Nul officier réformé n'a droit à un traitement, s'il n'a accompli le temps de service imposé par la loi de recrutement.

Tout officier réformé, ayant moins de vingt ans de service, recevra, pendant un temps égal à la moitié de la durée de ses services effectifs, une solde de réforme égale aux deux tiers du *minimum* de la pension de retraite de son grade, conformément à ce qui est déterminé par la loi du 11 avril 1831.

L'officier ayant, au moment de sa réforme, plus de vingt ans de service effectif, recevra une pension de réforme dont la quotité sera déterminée d'après le *minimum* de la retraite de son grade, à raison d'un trentième pour chaque année de service effectif.

19. Les pensions et traitements de réforme ci-dessus déterminés peuvent se cumuler avec un traitement civil.

20. Les pensions de réforme accordées après vingt ans de service seront inscrites au livre des pensions du Trésor public. Elles seront, comme les pensions de retraite, incessibles et insaisissables, excepté dans les cas

de débet envers l'État, ou dans les circonstances prévues par les art. 203, 205 et 214 du Code civil.

Dans ces deux cas les pensions de réforme sont passibles de retenues qui ne peuvent excéder le cinquième pour cause de débet, et le tiers pour aliments.

21. Dans aucun cas, il ne peut y avoir lieu à réversibilité de tout ou partie de la pension de réforme sur les veuves et les orphelins.

TITRE IV. — DISPOSITIONS TRANSITOIRES.

22. Les officiers actuellement en jouissance de solde de congé illimité et de non-activité ou de traitement de réforme restent dans les positions où ils ont été placés par les ordonnances royales.

Les dispositions des art. 13 et 18 de la présente loi seront toutefois appliquées à ceux de ces officiers qui seraient reconnus devoir passer de la position de congé illimité ou de non-activité à celle de réforme.

23. Les officiers mis en réforme avec ou sans traitement, depuis le 1er avril 1814 jusqu'au 1er août 1830, et qui sont actuellement en activité de service, ou en possession d'une solde de non-activité ou de congé illimité, seront admis à faire valoir pour la retraite ou la réforme, comme service effectif, le temps qu'ils ont antérieurement passé en réforme, mais seulement jusqu'à concurrence du nombre d'années qui ouvre le droit au *minimum* de la pension de retraite.

Le même droit est accordé aux officiers réintégrés dans l'armée depuis le 1er août 1830, et qui, par suite d'infirmités ou pour tout autre motif de santé dûment constaté, auront été mis à la position de réforme.

TITRE V. — DE L'APPLICATION À L'ARMÉE DE MER.

24. La présente loi est déclarée commune aux deux services de terre et de mer. Elle est, en conséquence, applicable aux officiers des troupes de la marine et aux

officiers entretenus des autres corps de ce département.

Néanmoins, la mise en non-activité d'un officier de vaisseau ou d'autres officiers entretenus des corps de la marine ne pourra ouvrir aucune vacance dans le cadre de l'état-major maritime.

25. Les pensions de réforme qui, en exécution de l'art. 18 ci-dessus, devront être accordées aux officiers entretenus des corps de la marine, après vingt ans de service effectif, seront liquidées proportionnellement et payées suivant la teneur des art. 1er et 26 de la loi du 18 avril 1831.

TITRE VI. — Dispositions générales.

26. Les dispositions de la présente loi sont applicables au corps de l'intendance militaire.

Elles sont également applicables aux officiers de santé des armées de terre et de mer, à ceux de l'administration des hôpitaux et aux agents du service de l'habillement et du campement.

27. Tout officier condamné par jugement à un emprisonnement de plus de six mois sera suspendu de son emploi ou mis à la réforme, en se conformant aux dispositions des art. 6 et 13 de la présente loi.

La durée de l'emprisonnement ne comptera jamais comme temps de service effectif, même pour la retraite.

28. Toutes dispositions antérieures, contraires à la présente loi, sont et demeurent abrogées.

La présente loi, discutée, délibérée et adoptée par la Chambre des pairs et celle des Députés, et sanctionnée par Nous cejourd'hui, sera exécutée comme loi de l'Etat.

Donnons en mandement à nos Cours et tribunaux, préfets, corps administratifs et tous autres, que les présentes ils gardent et maintiennent, fassent garder, observer et maintenir ; et, pour les rendre plus notoires à tous, ils les fassent publier et enregistrer portout où besoin sera; et, afin que ce soit chose ferme et stable à toujours, nous y avons fait mettre notre sceau.

Fait à Paris, au palais des Tuileries, le 19ᵉ jour du mois de mai 1834.

Signé : LOUIS-PHILIPPE.

Par le Roi :

Le président du conseil, ministre secrétaire d'Etat au département de la guerre.

Signé : Maréchal duc de DALMATIE.

Vu et scellé du grand sceau :

Le garde des sceaux de France, ministre secrétaire d'Etat au département de la justice et des cultes.

Signé : C. PERSIL.

ÉTAT NOMINATIF

PAR ORDRE D'ADMISSION

DE MM. LES OFFICIERS GÉNÉRAUX, OFFICIERS SUPÉRIEURS ET AUTRES, PROFESSEURS MILITAIRES OU CIVILS, QUI ONT FAIT OU FONT PARTIE DE L'ÉCOLE.

(Un astérisque indique les officiers ou professeurs qui ont cessé d'appartenir à l'Ecole.)

GÉNÉRAUX DE BRIGADE COMMANDANTS.

MM.* Desprez, de 1819 à 1827 (décédé lieutenant général en 1833).

* Marquis d'Hautpoul, de 1827 à 1830 (décédé en retraite).

* Baron Pelet, d'août à novembre 1830 (général de division du cadre de réserve, décédé).

* Marquis de la Châsse de Vérigny, de 1830 à 1835 (décédé en exercice).

* Miot, de 1836 à 1841 (passé dans le cadre de réserve, décédé).

* Aupick, de 1841 à 1842 (général de division du cadre de réserve, sénateur, décédé).

* Caminade, de 1842 à novembre 1847 (général de brigade du cadre de réserve).

* Marquis de Cramayel, de novembre 1847 à juin 1848 (général de division, sénateur, décédé).

* Mayr de Baldegg, de juillet 1848 à juillet 1851 (passé dans le cadre de réserve).

* Rolin, de septembre 1851 à avril 1853 (général de division, décédé).

* Foltz, d'avril 1853 à avril 1859 (général de division du cadre de réserve).

* De Vaudrimey, d'août 1859 à décembre 1864 (dans le cadre de réserve).
Ribourt, de décembre 1864 à...

COMMANDANTS EN SECOND ; DIRECTEURS DES ÉTUDES.

MM. * De Salaignac, lieutenant-colonel, de 1819 à 1821 (décédé colonel).

* Marquis de Brossard, colonel, de 1821 à 1823 (maréchal de camp en retraite).

* Marquis de Clermont-Tonnerre, colonel, de 1823 à 1830.

* Caminade, colonel, de 1830 à 1840 (maréchal de camp commandant, puis dans le cadre de réserve).

* Valery de Siriaque, lieutenant-colonel, puis colonel, de 1840 à 1848 (colonel en retraite).

* Martner, lieutenant-colonel, puis colonel, de novembre 1848 à septembre 1854 (colonel en retraite décédé).

* De Boisdeffre, lieutenant-colonel, puis colonel, de sept. 1854 à janv. 1863(décédé en retraite).

* De Linage, lieutenant-colonel, de janvier 1863 à juillet 1870 (mort des suites d'une blessure à Sedan).

De Kleinenberg, lieutenant-colonel, de juillet 1871 à...

CHEFS D'ESCADRON, SOUS-DIRECTEURS DES ÉTUDES,

CHARGÉS DU SERVICE INTÉRIEUR (ET DES MANOEUVRES jusqu'en 1869).

MM. * Caminade, de 1819 à 1830 (maréchal de camp commandant, **puis général de brigade du cadre de réserve**).

* Valery de Siriaque, de 1831 à 1841 (lieutenant-colonel, directeur des études, puis retraité).
* La Rouvière, de 1841 à 1849 (chef d'escadron en retraite).
* De Boisdeffre, de 1850 à 1854 (directeur des études, puis colonel en retraite, décédé).
* De Marenches, de 1854 à 1865 (en retraite).
* Moujon, de 1865 à 1869 (dans l'état-major des places).
* Marquerie, de 1869 à 1870 (lieutenant-colonel).
Chambert, de 1871 à...

CAPITAINES

CHARGÉS DES DÉTAILS DU SERVICE INTÉRIEUR (ET DES MANOEUVRES, jusqu'en 1869).

M.* Naudet, de 1819 à 1830 (maréchal de camp, décédé).
MM.* Valery de Siriaque, de 1819 à 1831 (colonel en retraite).
* La Rouvière, de 1820 à 1841 (chef d'escadron en retraite, décédé).
* Domergue, de 1830 à 1832 (sous-intendant militaire).
* Faulte de Puyparlier, de 1832 à 1842 (chef d'escadron en retraite, décédé).
* Jouffroy, de 1833 à 1848 (lieutenant-colonel en retraite, décédé).
* Bon de Lignim, de 1841 à 1846 (décédé en 1846).
* Bertrand, de 1842 à 1851 (lieutenant-colonel en retraite, décédé).
* Lhéritier de Chezelle, de 1846 à 1852 (chef d'escadron, décédé).

— 177 —

* De Marenches, de 1851 à 1853 (chef d'escadron
  en retraite).
* Moujon, de 1852 à 1859 (chef d'escadron chargé
  du service intérieur, puis dans les places).
* De Bucy, de 1853 à 1860 (chef d'escadron, re-
  traité).
* Bourgeois, de 1853 à 1858 (chef d'escadron).
* Adorne de Tscharner, de 1858 à 1860 (chef
  d'escadron).
* Faivre, de 1859 à 1870 (chef d'escadron).
* Rubino de Barazia, de 1859 à 1870 (capitaine).
* Gossart, de 1860 à 1863 (capitaine).
* Sonnois, de 1863 à 1865 (chef d'escadron).
Chambert, de 1865 à 1869 (professeur adjoint
  de fortification, puis chef d'escadron, sous-
  directeur des études).
Foucher, de 1870 à...
Schasseré, de 1871 à...
Graff, de 1871 à...

PROFESSEURS MILITAIRES.

ADMINISTRATION MILITAIRE.

MM. * Odier, sous-intendant militaire, de 1819 à 1825
  (décédé en exercice).
* Vauchelle, sous-intendant militaire, de 1825 à
  1830 (intendant militaire en retraite).
* La Neuville, sous-intendant militaire, en 1830
  (intendant militaire en retraite).
* Sainte-Chapelle, sous-intendant militaire, de
  1831 à 1835 (décédé).
* Raynal, sous-intendant militaire, de 1835 à
  1839.
* Blanquart de Bailleul, sous-intendant militaire,
  de 1839 à 1845 (intendant militaire du cadre
  de réserve).

* Guillot, sous-intendant militaire, de 1845 à 1857 (intendant militaire).

* Vigo-Roussillon, sous-intendant militaire, de 1858 à 1869 (intendant militaire).

Delaperrière, sous-intendant militaire, de 1870 à...

TOPOGRAPHIE.

MM. * Maissiat, chef d'escadron, ingénieur géographe, de 1819 à 1822 (décédé en exercice).

* De Guibert, capitaine, ingénieur géographe, de 1822 à 1829.

* Lecamus, capitaine ingénieur géographe, de 1829 à 1832 (décédé en exercice).

* Salneuve, capitaine, puis chef d'escadron d'état-major, de 1832 à 1853 (chef d'escadron en retraite, décédé).

Acolet-Salneuve fils, capitaine, puis chef d'escadron, de 1854 à...

ART MILITAIRE.

MM. * Lallemand, chef de bataillon d'état-major, de 1819 à 1820 (décédé).

* Koch, chef de bataillon d'état-major, puis lieutenant-colonel, de 1820 à 1833 (maréchal de camp en retraite).

* Chatelain, capitaine, puis chef d'escadron, de 1833 à 1835 (en retraite).

* Hanus, capitaine d'état-major, de 1835 à 1836 (décédé en exercice).

* Pernéty, capitaine d'état-major, de 1836 à 1849 (décédé en exercice).

* **Sainte-Chapelle (Hector-Oscar), capitaine d'état**

major, puis chef d'escadron, de 1849 à 1856
(décédé).

Vial, capitaine, puis chef d'escadron et lieutenant-
colonel d'état-major, de 1856 à...

ASTRONOMIE ET GÉOGRAPHIE.

MM. * D'Audebard de Férussac, chef de bataillon d'état-
major, de 1819 à 1824 (décédé lieutenant-
colonel).
* Levillain, capitaine d'état-major, puis chef d'escadron et lieutenant-colonel, de 1824 à 1847
inclus (décédé en exercice).
* De Linage, capitaine d'état-major, puis chef
d'escadron, de 1848 à 1859 inclus (lieutenant-
colonel, directeur des études, puis colonel
mort des suites d'une blessure à Sedan).
Clarinval, capitaine, puis chef d'escadron d'état-
major de 1860 à...

FORTIFICATION.

MM. * Augoyat, capitaine, puis chef de bataillon et
lieutenant-colonel du génie, de 1819 à 1842
(colonel retraité).
* Mangin, capitaine du génie, 1842 à 1852
(lieutenant-colonel du génie en retraite, bibliothécaire à l'École polytechnique).
* Usquin, capitaine du génie, puis chef de bataillon, de 1852 à 1870 (lieutenant-colonel, en
retraite, professeur à l'École polytechnique).
Fauvel, capitaine, puis chef de bataillon du génie,
de 1870 à...

ARTILLERIE.

MM. * Poumet, capitaine, puis chef de bataillon d'artillerie, de 1819 à 1832 (décédé en exercice).

* Mazé, capitaine, puis chef d'escadron d'artillerie, de 1832 à 1849 (chef d'escadron en retraite).
* Touzard, capitaine, puis chef d'escadron d'artillerie, de 1850 à 1854 (chef d'escadron employé au dépôt central d'artillerie).
* Astruc, capitaine, puis chef d'escadron d'artillerie, de 1854 à 1868 (colonel en retraite).
* Levassor-Sazeray, capitaine, puis chef d'escadron d'artillerie, de 1868 à 1870.
Duchêne, chef d'escadron d'artillerie, de 1871 à...

MACHINES ET SCIENCES APPLIQUÉES (1).

MM. * Poudra, capitaine d'état-major, puis chef d'escadron, de 1840 à 1852.
* Lahure, chef d'escadron d'état-major, de 1852 à 1863 inclus.
Lecoq, capitaine d'état-major, puis chef d'escadron de 1864 à...

ADJOINTS AUX PROFESSEURS MILITAIRES.

MM. * Benoît, lieutenant d'état-major, topographie, de 1819 à 1823 (retraité capitaine).
* Hanus, lieutenant, puis capitaine d'état-major, fortification, de 1819 à 1835 (décédé professeur d'art militaire).
* Levillain, lieutenant, puis capitaine d'état-major, géographe, de 1819 à 1824 (est devenu professeur).
* Lecamus, lieutenant, puis capitaine ingénieur

---

(1) Ce cours, appelé successivement cours de géométrie descriptive, puis cours de géométrie appliquée, se bornait, jusqu'en 1868, à la géométrie descriptive et à ses applications les plus usuelles.

géographe, topographie, de 1823 à 1829 (décédé professeur).

* Maumet, lieutenant, puis capitaine d'état-major, géographie, de 1824 à 1838 (colonel d'état-major, décédé).
* Lonclas, lieutenant, puis capitaine d'état-major, topographie, de 1829 à 1831 (sous-intendant militaire).
* Michaux, capitaine d'état-major, géographie, de 1830 à 1838 (sous-intend. militaire en retraite).
* Salneuve, capitaine d'état-major, topographie, de 1831 à 1832 (devenu professeur).
* Lapie, capitaine d'état-major, topographie, de 1832 à 1849 (chef d'escadron au dépôt de la guerre).
* Lahure, capitaine d'état major, fortification, puis géométrie descriptive, de 1835 à 1851 (actuellement chef d'escadron, professur de géométrie appliquée).
* Levret, capitaine d'état-major, de 1836 à 1847 (colonel en retraite),
* Poudra, capitaine d'état-major, géographie, de 1838 à 1840 (passé professeur titulaire).
* De Linage, capitaine d'état-major, géographie, de 1841 à 1847 (passé professeur titulaire).
Acolet-Salneuve, capitaine, topographie, de 1850 à 1853 (est professeur de topographie et chef d'escadron).
Lecoq, capitaine, géométrie appliquée et fortification, de 1851 à 1863 inclus (professeur titulaire, chef d'escadron).
Clarinval, capitaine, topographie, de 1854 à 1859 (chef d'escadron, professeur de géographie).
* Fouque, capitaine, topographie, de 1860 à 1866 (décédé).
* Gallotti, capitaine, sciences appliquées, de 1864 à 1870 (en non-activité pour infirmités temporaires).

* Biauson, capitaine, topographie, de 1867 à 1870 (décédé).

Chambert, capitaine, fortification, 1870 (chef d'escadron, sous-directeur des études).

Berruyer, capitaine, fortification, de 1872 à...

Goedorp, capitaine, sciences appliquées, de 1872 à ..

Titeux, capitaine, topographie, de 1872 à,..

PROFESSEURS D'ÉQUITATION, — ÉCUYERS EN CHEF.

MM. * Martin, sous-lieutenant, puis lieutenant de cavalerie, de 1846 à 1849 (décédé en exercice).

* De Montlaur, lieutenant de cavalerie, de 1849 à 1851 (démissionnaire).

* Brifaut, capitaine de cavalerie, puis chef d'escadron, de 1834 à 1863 (en retraite).

* Dijon, capitaine, puis chef d'escadron, de 1863 à 1870 (lieutenant colonel).

Delorme, chef d'escadron, de 1871 à...

PROFESSEURS D'ÉQUITATION ADJOINTS. — ÉCUYERS ADJOINTS. CAPITAINES INSTRUCTEURS

MM. * Bonie, lieutenant de cavalerie, chargé de l'Ecole de dressage, de 1854 à 1859 (lieutenant-colonel 3e chasseurs).

Delorme, sous-lieutenant de cavalerie, de 1853 à 1854 (écuyer en chef à l'école).

* Lardeur, lieutenant de cavalerie, de 1854 à mai 18. 5 (colonel du 7e dragons).

* Durande, lieutenant de cavalerie, de 1855 à 1859.

* De Boulancy, capitaine de cavalerie, de 1859 à 1868 (chef d'escadron 1er chasseurs).

Fradin de Belabre, capitaine de cavalerie, de 1869
à ..
` Laferrière, capitaine instructeur de cavalerie,
1870 (chef d'escadron 8e chasseurs).
Gaudin, capitaine instructeur de cavalerie, de
1871 à...

PROFESSEURS CIVILS.

MM. * Girard, géométrie descriptive, de 1819 à 1849
(décédé).
* Sarchi, langue italienne, de 1819 à 1821 (sup-
primée).
* Simon, langue allemande, de 1819 à 1824.
* Gauthier, langue allemande, de 1823 à 1846
(décédé en exercice).
* Depping, langue allemande, de 1824 à 1825
(démissionnaire).
* Himly, langue allemande, de 1825 à 1834 (con-
gédié).
* Demmler, langue allemande, de 1834 à 1865
(décédé en exercice).
* Caminade aîné, dessin, en 1819 (démissionnaire).
* Guyot, dessin, de 1819 à 1845 (décédé en exer-
cice).
* Debacq, adjoint, dessin, de 1833 à 1845, puis
professeur, de 1845 à 1850 (décédé en exercice).
* Blanchard, adjoint, dessin, de 1845 à 1849
(décédé en exercice).
* Sander, professeur de langue allemande, de 1846
à 1870 (décédé en exercice).
Clerget, professeur adjoint de dessin, de 1849 à
1850, puis professeur de 1850 à...
Grandsire, professeur adjoint de dessin, de 1850
à 1853, puis professeur de 1854 à...
Lozès (Hippolyte), professeur d'escrime, de 1855
à...

* Fritsch, professeur adjoint de langue allemande, de 1866 à 1867.

* Beck, professeur adjoint de langue allemande, de 1868 à 1871.

Lévy, professeur de langue allemande, de 1872 à...

* Blociszewsky, professeur adjoint de langue allemande, de 1872 à 1873.

Koell, professeur adjoint de langue allemande, de 1873 à...

SERVICE DE SANTÉ.

MM. * Vergez, chirurgien en chef, de 1819 à 1824.

* Tinchant, médecin, de 1819 à 1824.

* Lacroix père, chirurgien-major, de 1819 à 1835 (retraité décédé).

* Baron Michel, médecin, de 1825 à 1836 (médecin principal en retraite).

* Lacroix fils, chirurgien-major, puis principal, de 1836 à 1848 (en retraite).

* Berton, médecin-major, de 1848 à 1854 (en retraite).

* Bonnafont, médecin principal, de novembre 1854 à 1865 (en retraite).

* Cuvellier, médecin principal, de 1865 à 1870 (médecin inspecteur).

Brault, médecin principal, de 1871 à...

TRÉSORIER SECRÉTAIRE

FAISANT FONCTIONS DE BIBLIOTHÉCAIRE ET D'ARCHIVISTE.

MM. * Galizot, de 1819 à 1865.

Thiérion, major d'infanterie, en retraite, de 1865 à...

ÉTAT NOMINATIF

PAR RANG DE SORTIE DE L'ÉCOLE

DES OFFICIERS ÉLÈVES PASSÉS DANS LE CORPS D'ÉTAT-MAJOR, DEPUIS LE 1er JANVIER 1820 JUSQU'EN JANVIER 1873.

(Un astérique indique ceux qui ont cessé d'appartenir au corps.)

Date de la naissance.	NOMS.	POSITION ACTUELLE.
	PROMOTION DE 1820 (*Sortie de l'École en décembre 1819*).	
1795	*Constantin..............	Chef d'escadron, retraité.
1795	*Clerget..............	Chef d'escadron, décédé.
1796	*Allard..............	*Idem, idem.*
1795	*Conil..............	Chef d'escadron, retraité.
1797	*Boileau de Castelnau....	*Idem, idem.*
1799	*Saint-Hippolyte........	Colonel, décédé.
1794	*Tribert............	Chef d'escadron, retraité.
1796	*Michaud.............	Sous-intendant milit., retraité.
1795	*Rocher.............	Chef d'escadron, retraité.
1797	*De Courtigis (Aulas).....	Gén. de div. (réserve) décédé.
1796	*Michel.............	Colonel, retraité.
1798	*Beryer de Castelan......	Capitaine, décédé.
	PROMOTION DE 1821 (*Sortie en décembre 1820*).	
1796	*Ferris..............	Capitaine réformé.
1796	*Jouffroy.............	Lieut.-colnel, retraité, décédé.
1796	*De Mallet de Lavédrine...	Capitaine démissionnaire.
1796	*Cachelou Desjardins.....	Décédé sous-intend. milit. adj.
1797	*Harmois.............	Capitaine, décédé.
1795	*Sol..............	Colonel, retraité.
1799	*Courtois d'Hurbal......	Colonel, décédé.
1797	*Sain de Bois-Lecomte....	Chef d'escadron en retraite, ministre plénipotentiaire.
1600	*De Chasseloup-Laubat (Just).	Chef d'escadron démissionnaire, décédé.

Date de la naissance.	NOMS.	POSITION ACTUELLE.
1796	*Caffort.	Lieutenant, décédé.
1798	*Couturier Devienne.	Chef d'escadron, retraité.
1798	*Weyer.	Lieutenant, démissionnaire.
1796	*Joly..	Idem, idem.

Surnuméraires.

1797	*Thiébault.	Chef d'escadron, en retraite.
1800	*De Caraman..	Capitaine, démissionnaire.
1801	*Gardanne de Vaulgrenand. .	Chef d'escadron, décédé.
1799	*Delarue.	Gén. de brig. de cav. (réserve).

PROMOTION DE 1822 (Sortie en décembre 1821.)

1797	*Lonclas..	Intendant militaire (réserve).
1797	*Maumet..	Colonel, décédé.
1798	*De Liron d'Airolles.	Capitaine, démissionnaire.
1796	*Masson de Morfontaine. . .	Chef d'escadron, en retraite.
1798	Dubreton.	Général de brigade (réserve).
1797	*Dupont.	Sous-int. militaire, décédé.
1798	*De Fontaines.	Chef d'escadron, en retraite.
1799	*Lecarron de Fleury.	Capitaine, démissionnaire.
1796	*Touffait.	Capitaine, en retraite.
1796	*Cousin Montauban Cte Palikao.	Général de division de cavalerie.
1797	*De Courval.	Lieutenant, démissionnaire.
1801	*De Léry..	Idem, idem.
1802	*De Sparre..	Capitaine, passé dans la caval.

Surnuméraire.

1800	*Cardon de Laplace.	Général de cavalerie.

PROMOTION DE 1823 (Sortie en décembre 1822).

1802	*De Boisdeffre.	Colonel, retraité
1802	*De Prailly..	Chef d'escadron, décédé.
1802	*Becker.	Lieutenant, décédé.
1802	*Soult de Dalmatie.	Capitaine, démissionnaire.
1800	*Grand..	Capitaine, décédé.
1801	*D'Augicourt.	Colonel, retraité.

Date de la naissance.	NOMS.	POSITION ACTUELLE.
1801	*De Trélo..	Colonel, retraité.
1800	*De Lacoste.	Lieutenant, démissionnaire.
1801	*De Cambis.	Intendant gén., insp., décédé.
1801	*De Foucault.	Lieutenant, démissionnaire.
1802	*De Massoni.	Lieutenant-colonel, retraité.
1803	*De Biarre (Sézille)	Chef d'escadron, retraité.
1802	*De Beaumont.	Lieutenant, démissionnaire.
1802	*De Soussay.	*Idem,* idem.
1802	*De Chasseloup-Laubat (Pr.).	Général de division, décédé.
1802	*De Villeneuve.	Lieutenant, démissionnaire.
1802	*Paris de Bollardière. . . .	Intend. général insp., décédé.
1800	De Rouvray.	Général de brigade (réserve).
1800	*Sicard..	Sous-intendant milit., décédé.
an 10	*De Ruolz.	Lieutenant, démissionnaire.

PROMOTION DE 1824 (*Sortie en décembre* 1823).

Date de la naissance.	NOMS.	POSITION ACTUELLE.
1801	*Simien.	Lieutenant, décédé.
1802	*Fadate de Saint-Georges. . .	Capitaine, démissionnaire.
1803	*De Latour du Pin Chambly Berliou..	Capitaine, démissionnaire.
1802	*Leblanc de Prébois (L.-F.). .	Lieutenant-colonel, retraité.
1802	*Guerineau de Boisvillette.. .	Capitaine, retraité.
1802	*De Laroche Nully.	Lieutenant, démissionnaire.
1804	*De Maumigny.	*Idem,* idem.
1804	*De Cornely.	Colonel, retraité, décédé.
1803	*Martin de Boulancy. . . .	Capitaine en retraite.
1804	Mazel du Goulot.	Général de brigade (réserve).
1803	*Beynaquet de Pennautier. .	Capitaine, démissionnaire.
1803	*Letouzé de Lonquemar. . . .	*Idem,* idem.
1801	*De Malherbe.	Lieutenant, démissionnaire.
1800	*De Rosemont.	*Idem,* idem.
1801	*De Durfort..	Lieutenant, passé dans l'inf.
1803	*Combes de Mirmont.	Lieutenant, décédé.
1801	*De Bonnechose.	Lieutenant, démissionnaire.
1801	*De Latour du Pin Chambly Humbert.	Capitaine, démissionnaire.
1800	*Loppin de Gémeaux.	Adj. à l'intend. milit., décédé.

Date de la naissance.	NOMS.	POSITION ACTUELLE.
1801	*Daiguy.	Lieutenant-colonel, décédé.
1803	*Bigot de Morogues.	Lieutenant, démissionnaire.
1805	*De Sparre (Alex.).	Lieutenant, décédé.

PROMOTION DE 1825 (*Sortie en décembre 1824*).

Date de la naissance.	NOMS.	POSITION ACTUELLE.
1802	*De Chievres.	Lieutenant, décédé.
1802	Foltz.	Général de division (réserve).
1804	Gouyon.	Général de brigade (réserve)
1804	*Bertrand.	Lieutenant-colonel, décédé.
1804	*Brunier.	Capitaine, décédé.
1804	*Bedeau.	Général de division, décédé.
1803	*De Quatrebarbes.	Lieutenant, démissionnaire.
1804	*De Laferrière.	*Idem, idem.*
1804	*De Rosières.	Colonel, retraité.
1804	*Guimet.	Passé dans la caval., démiss.
1802	De Villiers.	Général de division (réserve).
1803	*Delzons.	Chef d'escadron, décédé.
1804	*Wartelle..	Lieutenant, démissionnaire.
1802	*Lombard.	Sous-intendant milit., décédé.
1802	*D'Ornay..	Lieutenant, démissionnaire.
1804	De Beaufort. d'Hautpoul. . .	Général de division (réserve).
1800	*Trinqualye..	Lieutenant, démissionnaire.
1800	*De Devant (Duchesne). . . .	*Idem. idem.*
1805	*Dulong de Rosnay.	*Idem. idem.*
1804	*De Trévise.	Capitaine, démissionnaire.
1803	*De Saint-Germain.	Capitaine, décédé.

PROMOTION DE 1826 (*Sortie en décembre 1825*).

Date de la naissance.	NOMS.	POSITION ACTUELLE.
1804	*De Noël.	Sous-intendant militaire.
1803	*De Salles.	Général de division, décédé.
1803	*Pernéty.	Capitaine, décédé.
1806	*De Lavillegille.	Lieutenant, passé dans la caval
1805	*De Laroque.	Lieutenant, démissionnaire.
1802	*Dreuilles.	Lieutenant-colonel, retraité.
1803	*Monnier..	Lieutenant, décédé.
1804	*De Bressieux.	Lieutenant, démissionnaire.
1801	*Corda..	Capitaine, décédé.

Date de la naissance.	NOMS.	POSITION ACTUELLE.
1804	*Faultrier.	Intendant militaire (réserve).
1805	*Lhuillier.	Capitaine, démissionnaire.
1802	De Vaudrimey.	Général de brigade (réserve).
1802	*Darquier.	Chef d'escadron, retraité.
1804	*Jardot.	Chef d'escadron, retraité.
1805	*De Beauvais.	Capitaine, retraité.
1803	*De Puymirol.	Lieutenant, démissionnaire.
1804	*Duchatel.	Capitaine, idem.
1804	*De Puiseux.	Lieutenant, idem.
1802	*De Loverdo.	Colonel, décédé.
1804	*Brunet.	Lieutenant, démissionnaire.
1804	*De Floyd.	Chef d'escadron, retraité.

PROMOTION DE 1827 (*Sortie en décembre 1826*).

1805	*De l'Estoille.	Lieutenant, démissionnaire.
1806	De Margadel.	Général de brigade (réserve).
1806	*Berthier de Grandry.	Lieutenant, démissionnaire.
1805	*De Saint-Chamans.	Idem, idem.
1805	*Le Sergeant d'Hendecourt.	Capitaine, décédé.
1806	*Pinel.	Chef d'escadron, retraité.
1805	*Robillard.	Lieutenant, démissionnaire.
1804	*Nérenburger.	Passé au service de la Belgique.
1804	*De Mellet.	Lieutenant, démissionnaire.
1803	*De Laroche.	Sous-intendant milit., décédé.
1804	*De Maleyssie.	Lieutenant, démissionnaire.
1803	*Lucotte.	Capitaine, décédé.
1805	*De Noyant.	Lieutenant, démissionnaire.
1805	*De Cœurdoux.	Idem, idem.
1804	*De Prébois (François).	Chef d'escadron, retraité.
1805	*De Pons.	Lieutenant, démissionnaire.
1804	*D'Aubignosc.	Passé dans l'infanterie, chef de bataillon, retraité.
1804	*Codrika.	Sous-lieuten., démissionnaire.

PROMOTION DE 1828 (*Sortie en décembre 1827*).

1806	*Gineste de Lissertel.	Chef d'escadron, retraité.
1807	*De Warroquier.	Lieutenant, démissionnaire.

Date de la naissance.	NOMS.	POSITION ACTUELLE.
1807	*Maupou	Lieutenant, démissionnaire,
1805	*Desgarets	*Idem,* *idem.*
1807	*De Crény	Général de brigade, retraité.
1806	*De Crespy	Lieutenant, démissionnaire.
1806	*Poulle	Colonel, retraité.
1807	*De Bourmont (Charles)	Lieutenant, démissionnaire.
1805	*Laurent	Chef d'escadron, retraité.
1805	*Lahure	*Idem.* *idem.*
1805	*La Messelière	Lieutenant, démissionnaire.
1805	*Delteil	Sous-intendant milit., retraité.
1807	*Çagarriga	Chef d'escadron, retraité.
1807	*Laforcade	Sous-intendant milit., retraité.
1807	*Rollat	Lieutenant, décédé.
1805	*De Langle	Chef d'escadron, retraité.
1805	*Borel de Brétizel	Général de brigade, décédé.
1806	*Le Duchat	Chef d'escadron, retraité.
1805	*Spitzer	Colonel, retraité.
1804	*De Sart	Lieutenant, démissionnaire.

PROMOTION DE 1829 (*Sortie en décembre 1828*).

Date de la naissance.	NOMS.	POSITION ACTUELLE.
1807	*De Sesmaisons	Lieutenant, démissionnaire.
1806	*De Coynart	Lieutenant-colonel, retraité.
1807	*Celly	Intendant gén. insp., décédé.
1807	*De Gravillon	Colonel, retraité.
1806	*Petitgrand	Lieutenant-colonel, décédé.
1807	*De Lajudie	Lieutenant, démissionnaire.
1806	*De Calvières	Capitaine, *idem.*
1806	*Delecey	*Idem,* *idem.*
1806	De Tourville	Général de division (réserve).
1806	De Laveauxcoupet	Général de division (réserve).
1808	De Franconnière	Général de brigade (réserve).
1807	*Rolland	Lieutenant, démissionnaire.
1808	*Amadieux	Sous-lieutenant, *idem.*
1808	*De Bourmont	Sous-lieutenant, *idem.*
1807	*Desmarest	Général de division, décédé.
1806	*De Latour du Pin	Colonel, décédé.
1806	*Joinville	Lieut.-colonel, dans les places.

Date de la naissance.	NOMS.	POSITION ACTUELLE.
1807	*De Chauny (Mallet)	Chef d'escadron, retraité.
1808	*De Montholon	Capitaine, démissionnaire.

PROMOTION DE 1830 (*Sortie en décembre* 1829).

1808	*D'Erard	Capitaine, démissionnaire.
1809	*De Maligny	Général de brigade, décédé.
1808	*De Tanlay	Colonel, retraité.
1809	*Fézenzac (de Montesquiou)	Lieut.-colonel, démissionnaire.
1805	*Chépy	Chef d'escadron, retraité.
1808	*Morin	Chef d'escadron, décédé.
1807	*De Saint—Paul	Capitaine, réformé.
1808	*De Mac-Mahon, duc de Magenta	Maréchal de France.
1805	*Cury	Lieutenant-colonel, retraité.
1808	*De Noailles	Capitaine, passé dans la caval.
1808	*Taulane (de l'Yle)	Capitaine, démissionnaire.
1806	*Villeneuve	Chef de bat. d'infant., décédé.
1807	*Regnard	Colonel, retraité.
1806	*Brenier	Lieutenant, décédé.
1806	*De Suffren	Capitaine, démissionnaire.
1809	*De Lagondie	Colonel, retraité.
1807	*De Larochefoucaud	Sous-lieuten., démissionnaire.
1807	*De Brossard	Chef d'escadron, retraité.

PROMOTION DE 1831 (*Sortie en décembre* 1830).

1810	*De Terrasson	Capitaine, démissionnaire.
1809	*De Meuchèze	Sous-lieutenant, *idem.*
1808	*De Maudajors	Capitaine, décédé.
1808	*De Beaugendre	Intendant militaire (réserve).
1808	*De Veyrazet	Capitaine, démissionnaire.
1809	*D'Allonville	Général de division, décédé.
1808	De Martinprey	Général de division.
1808	*Rouaud	Chef d'escadron, retraité.
1810	*Demonteil	Sous-lieuten., démissionnaire.
1809	*De Lorgevil	Capitaine, *idem.*
1808	*De Laville	Lieutenant-colonel, décédé.
1809	*Lion	Chef d'escadron, retraité.

Date de la naissance.	NOMS.	POSITION ACTUELLE.
1808	Renault.	Général de brigade (réserve).
1809	*Anselme.	Général de brigade, décédé.
1806	*De Vougy.	Capitaine, démissionnaire.

PROMOTION DE 1832 (*Sortie en décembre 1831*).

Date de la naissance.	NOMS.	POSITION ACTUELLE.
1810	*De Badereau.	Capitaine, démissionnaire.
1809	*Desaint.	Général de brigade (réserve).
1810	*De Valdan.	*Idem, idem, idem.*
1807	*De Marguerit.	Chef d'escadron, décédé.
1810	*D'Aurelle.	Chef d'escadron, retraité.
1809	*Labure.	Chef d'escadron, retraité.
1810	*De Radepont.	Capitaine, démissionnaire.
1809	*Taisson.	Chef d'escadron, décédé.
1810	*De Bouglon.	Capitaine, décédé.
1810	*De Bournet.	Capitaine, démissionnaire.
1810	*Sabatier.	Chef d'escadron, retraité.
1809	*Tabuteau.	Chef d'escadron, retraité.
1810	*Gouraud.	Capitaine, décédé.

PROMOTION DE 1833 (*Sortie en décembre 1832*).

Date de la naissance.	NOMS.	POSITION ACTUELLE.
1808	*De Marenches.	Chef d'escadron, retraité.
1811	*De Boncourt.	Chef d'escadron, retraité.
1808	*Saget, *dit* Lurcy.	Chef d'escadron, retraité.
1812	*Bousquet.	Lieutenant-colonel, retraité.
1812	*Saget (Alexandre).	Capitaine, tué.
1812	*De Lamonneraye.	Capitaine, démissionnaire.
1810	*Uhrich.	Intendant général inspecteur
1809	*Loupot.	Chef d'escadron, retraité.
1809	*De Cyresme.	Capitaine, démissionnaire.
1810	*Rabou.	Chef d'escadron, retraité.
1810	*Carbonnel.	Lieutenant, démissionnaire.
1812	*De Gaujal.	Général de brigade, décédé.
1810	*Robert (Jean-Louis).	Colonel, décédé.
1810	*Delaubespin.	Capitaine, démissionnaire.
1811	*Malot.	Chef d'escadron, retraité.

Date de la naissance.	NOMS.	POSITION ACTUELLE.
1812	*Petit.	Chef d'escadron, décédé.
1810	*Doumerc.	Lieutenant, décédé.
1811	*Boissière.	Lieutenant, démissionnaire.

PROMOTION DE 1834 (*Sortie en décembre 1833*).

1809	Lebrun.	Général de division.
1811	*De Vercly.	Lieutenant-colonel, décédé.
1809	*Jouve.	Lieutenant-colonel, retraité.
1812	Camô.	Général de brigade.
1810	*De Saint-Sauveur.	Capitaine, décédé.
1809	*De Naveu.	Général de brigade, décédé.
1809	*Sainte-Chapelle (Alfred).	Chef d'escadron, retraité.
1810	*De Mimont.	Capitaine, démissionnaire.
1811	Jarras.	Général de division.
1813	Saget (Eugène).	Général de division.
1810	*Pricot Sainte-Marie.	Chef d'escadron, retraité.
1809	*Hecquart.	Colonel, retraité.
1809	*D'Illiers (Patas).	Chef d'escadron, décédé.
1812	*Thomas.	Général de brigade, décédé.
1809	*De Juge (Montespieu).	Intendant militaire, décédé.
1811	Robinet.	Général de brigade.
1811	*D'Hédouville.	Chef d'escadron, décédé.
1811	*De Montesson.	Lieutenant, démissionnaire.
1809	*Gouget.	Lieutenant, *idem.*
1809	*Rayot.	Capitaine, décédé.
1809	*Joubert.	Chef d'escadron, retraité.
1810	*De Curnieu.	Lieut., démissionnaire.
1812	De Courson.	Général de brigade.

PROMOTION DE 1835 (*Sortie en décembre 1834*).

1814	*De Blavette.	Capitaine, démissionnaire.
1813	D'Auvergne.	Général de brigade.
1810	*De Cholet.	Chef d'escadron, retraité.
1811	*Lhéritier.	Chef d'escadron, décédé.
1814	*Angenoust.	Lieutenant, démissionnaire.

Date de la naissance.	NOMS.	POSITION ACTUELLE.
1811	*Lebris	Chef d'escadron, tué.
1814	*Philipponnat	Chef d'escadron, retraité.
1813	*Fouan	Capitaine, passé dans l'infant.
1814	*Ménil	Capitaine, décédé.
1811	*Martinet	Chef d'escadron, retraité.
1814	*De Comble	Chef d'escad., démissionnaire.
1811	*De la Gournerie	Chef d'escadron, retraité.
1814	*Boucherat	Capitaine, décédé.
1810	*Mercier	Chef d'escadron, retraité.
1812	*Donzé	Capitaine, décédé.
1810	De Cissey	Général de division.
1812	*De Fontette	Capitaine, démissionnaire.
1813	Espivent	Général de division.
1811	*Bligny Bondurand	Intendant militaire, décédé.
1814	*De Blanchard (Letellier)	Général de brigade.
1812	*Saint-Pol	Chef d'escadron, retraité.
1810	*Mangin	Capitaine, tué.
1813	*Aymé	Chef d'escadron, décédé.
1810	Lepic	Général de brigade (réserve).
1812	Pajol	Général de division.

PROMOTION DE 1836 (*Sortie en décembre* 1835).

Date de la naissance.	NOMS.	POSITION ACTUELLE.
1812	Letellier-Valazé	Général de division.
1811	*Scherb	Capitaine, décédé.
1811	*De Caulaincourt	Lieutenant, démissionnaire.
1811	*D'Adelsward (Oscar)	Capitaine, *idem.*
1811	Ribourt	Général de brigade.
1814	*Denecey	Intendant militaire.
1814	Robert (Pierre-Joseph)	Général de brigade.
1812	*De Rouvre (Brunot)	Général de brigade. (gendarm.)
1810	*D'Abrantès	Lieutenant-colonel, tué.
1811	De Belgaric	Général de brigade.
1814	*Carcy	Chef d'escadron, retraité.
1812	*Durrieu	Général de division.
1813	*De la Guéreune	Capitaine, démissionnaire.
1811	*Clerville	Chef d'escadron, retraité.

Date de la naissance.	NOMS,	POSITION ACTUELLE.
1813	Du Fresnel (Henri)	Colonel, retraité.
1812	*Reille (Charles)	Capitaine, démissionnaire
1813	*De Torcy	Chef d'escadron, retraité.
1814	*De Senneville	Colonel, décédé.
1814	*Boutaud	Chef d'escadron, retraité.
1813	*Dieu	Général de brigade, décédé.
1814	*Lestapis	Capitaine, démissionnaire.
1811	*Davout	Chef d'escad., dans les places.
1813	*De Bréda	Capitaine, démissionnaire.
1813	De Susleau	Général de division.
1815	*De Lacoste (Martin)	Chef d'escadron, décédé.

PROMOTION DE 1837 (*Sortie en décembre* 1836).

Date de la naissance.	NOMS,	POSITION ACTUELLE.
1814	Waubert de Genlis	Général de brigade.
1812	*Labbé	Capitaine, décédé.
1814	*De Coynart (Charles)	Chef d'escadron, retraité.
1813	*Vico	Lieutenant-colonel, décédé.
1813	*De Clermont-Tonnerre	Lieutenant, démissionnaire.
1812	*Sainte-Chapelle (Hector)	Chef d'escadron, décédé.
1812	*Fourcade	Chef d'escadron, retraité.
1814	*Du Fresnel (Jean-Baptiste)	Sous-intend. milit., retraité.
1813	*Lefebvre de Rumfort	Chef d'escadron, tué.
1809	*Tesson	Chef d'escadron, retraité.
1814	*Airolles	Intendant militaire.
1811	*Regnault	Colonel, retraité.
1813	*Magnan	Lieutenant-colonel, tué.
1813	*Béraud	Lieutenant-colonel, tué.
1814	*De Beaumont	Lieutenant-colonel, décédé.

PROMOTION DE 1838 (*Sortie en décembre* 1837).

Date de la naissance.	NOMS,	POSITION ACTUELLE.
1813	Pourcet	Général de division.
1810	*Raoult	Général de division, tué.
1814	*De Linage	Colonel, tué.
1813	Bonneau	Général de brigade.
1813	*Grandval	Chef d'escadron, retraité.
1814	*Wenger	Colonel, décédé.

Date de la naissance	NOMS.	POSITION ACTUELLE.
1815	*Delabarre.	Chef d'escadron, décédé.
1815	Fèvre.	Lieut.-colonel, en non-activité.
1812	*Manèque.	Général de brigade, tué.
1814	*De Thouron.	Chef d'escadron, retraité.
1812	*De Lignim.	Capitaine, décédé.
1814	*Goguel.	Capitaine, démissionnaire.
1812	*Vergès.	Capitaine, décédé.
1815	*De Las Cases.	Sous-intend. milit., décédé.
1809	*Royer.	Chef d'escadron dans les places.
1815	Reille (André).	Général de brigade.
1813	*Rossi.	Intendant militaire.
1813	*Ducasse.	Chef d'escadron, retraité.
1815	*Colonna.	Idem, décédé.
1813	*Magenet.	Capitaine, décédé.
1814	*Desfontaines.	Idem, idem.

PROMOTION DE 1839 (*Sortie en décembre 1838*).

Date de la naissance	NOMS.	POSITION ACTUELLE.
1814	*Soitoux.	Chef d'escadron décédé.
1815	*De Tugny.	Colonel, retraité.
1816	*Conseillant.	Sous-intendant militaire.
1813	*Maurice.	Idem, décédé.
1815	Crépy.	Colonel.
1814	Galinier.	Général de brigade.
1816	*Coliny.	Capitaine, décédé.
1814	*Dupin.	Colonel, décédé.
1816	*De Neuvier.	Intendant militaire.
1815	*De Laguiche.	Capitaine, démissionnaire.
1815	*Besson.	Général de brigade, tué.
1814	*Marel.	Colonel, retraité.
1814	Castelnau.	Général de division.
1815	*Mariani.	Chef d'escadron, démissionn.
1812	*Delmas.	Chef d'escadr., dans les places.
1816	*De Lacoste (Verdier). . . .	Sous-intend. milit., retraité.
1814	*Fournier.	Capitaine, passé dans la cavalerie, tué.
1814	Ferret.	Général de brigade.

Date de la naissance.	NOMS.	POSITION ACTUELLE.

PROMOTION DE 1840 (*Sortie en décembre 1839*).

1817	*Cassaigne.	Lieutenant-colonel, tué.
1814	Péchin.	Colonel.
1816	*Deschiens.	Colonel, décédé.
1814	*Brassel (Joly de Mercy)..	Sous-intend. milit., retraité.
1813	*Leroy.	Lieutenant-colonel, retraité.
1816	Henry.	Général de brigade.
1817	*Deguilly (Nicolas).	Chef d'escadron, retraité.
1814	*Mouginot.	Capitaine, décédé.
1815	*Pequignot.	Sous-intend. milit., retraité.
1817	Lourde.	Colonel.
1816	*De Villoutreys.	Capitaine, décédé.
1815	Trochu.	Général de division, retraité.
1816	*Lambert.	Colonel, retraité.
1813	De Place.	Général de brigade.
1816	De Chamberet.	*Idem.*
1817	Lapasset.	Général de division.
1814	*Thouand.	Capitaine, décédé.
1816	*Marfenot.	Général de brigade, décédé.
1815	*Monrival.	Lieutenant-colonel, retraité.
1815	*Mancel.	Lieutenant-colonel, décédé.
1814	*De Toulongeon.	Général de brigade, *idem.*
1817	*De Montigny.	Colonel, *idem.*
1815	*Lion (Charles-Alfred).	Lieutenant-colonel, retraité.

PROMOTION DE 1841 (*Sortie en décembre 1840*).

1814	*Laplanche.	Lieutenant, tué.
1813	*Gaboriaud.	Capitaine, *idem.*
1816	*OEmichen.	Chef d'escadron, décédé.
1818	Osmont.	Général de division.
1818	Renson.	*Idem.*
1813	*Hutin.	Chef d'escadron, retraité.
1818	*Lacroix.	Colonel, *idem.*
1816	*Smet.	Lieutenant-colonel, tué.

Date de la naissance.	NOMS.	POSITION ACTUELLE.
1817	*De Beurmann.	Capitaine, décédé.
1818	Clémeur.	Colonel.
1818	*De Sérionne.	Chef d'escadron, retraité.
1815	*De Starnor.	Idem, idem.
1815	*Babin.	Capitaine, décédé.
1817	Mitaut.	Lieutenant-colonel.
1814	*Lejosne.	Chef d'escadr., dans les places.
1814	*Desmonts.	Chef d'escadron, retraité.
1817	De Loverdo (jeune). . . .	Général de brigade.
1817	*De Mirandol.	Général de div. de cav., décédé.
1817	Acolet Salneuve.	Chef d'escadron.
1814	*De Lagrèze.	S.-Intendant milit. de 1re cl.
1818	*Friant.	Idem.

PROMOTION DE 1842 (*Sortie en décembre 1841*).

Date de la naissance.	NOMS.	POSITION ACTUELLE.
1817	Berthaut.	Général de division.
1817	Lallemand.	Idem.
1818	*Doulcet.	Capitaine, décédé.
1817	Appert.	Général de brigade.
1814	*De Bletterie.	Chef d'escadron, retraité.
1816	*Hazard.	Idem, décédé.
1819	Ferri-Pisani.	Général de brigade.
1818	*Perron.	Lieutenant, démissionnaire.
1819	Andrieu.	Colonel.
1813	*Laurent (Joseph-Victor). . .	Sous-intendant militaire.
1815	*De Bar de la Garde. . . .	Colonel, décédé.
1816	*D'Adelsward (Axel). . . .	Capitaine, idem.
1817	Folloppe.	Colonel.
1816	Sumpt.	Général de brigade.
1817	*Delorme.	Sous-intendant milit. de 2e cl.
1817	*Paulon.	Chef d'escadron, retraité.
1816	*De Bonnefoux.	Idem, dans les places.
1815	*Rousseau de Sibille. . . .	Idem, retraité.
1818	*Martin.	Passé dans la cavalerie.
1815	*Passot.	Capitaine, décédé.
1819	Beaudoin.	Colonel.

Date de la naissance.	NOMS.	POSITION ACTUELLE.
1818	Filippi.	Colonel.
1817	*Muller..	Capitaine, décédé.
1816	Durand de Villers.	Colonel.

PROMOTION DE 1843 (*Sortie en décembre 1842*).

1819	De la Haye.	Lieutenant-colonel.
1820	*Lebreton..	Sous-int. mil. de 2ᵉ cl., décédé.
1820	*De Bucy..	Chef d'escadron, retraité.
1819	Gresley.	Général de brigade.
1819	Borel.	Général de division.
1819	Sautereau..	Colonel.
1820	Balland.	Général de brigade.
1817	Mélin..	Colonel.
1819	Vuillemot.	Général de brigade.
1819	*Millou..	Intendant militaire.
1818	*Hulot.	Chef d'escadron, retraité.
1818	*Heuillet..	Sous-intendant militaire.
1819	*Videau.	*Idem*, de 2ᵉ classe, décédé.
1819	*Rœkel..	Lieutenant, *idem*.
1819	De Rambaud..	Lieutenant-colonel.
1816	*Tricault..	Capitaine, décédé.
1814	*Belenet.	*Idem*, *idem*.
1819	*Léorat..	Chef d'escadron, décédé.
1818	Cartault..	Chef d'escadron.
1819	Scellier de Lample	*Idem*.
1819	Campenon..	Colonel.
1820	Ducrot.	*Idem*.
1819	Clappier..	*Idem*.
1817	*Valette.	Chef d'escadron, retraité.
1817	Fourchault.	Colonel.

PROMOTION DE 1844 (*Sortie en décembre 1843*).

1819	Nugues.	Colonel.
1818	*Lévy.	Sous-intend. milit. de 1ʳᵉ cl.
1820	*De Laurencel.	Chef d'escadron, décédé.
1819	*Galle.	Passé dans les places.

Date de la naissance.	NOMS.	POSITION ACTUELLE.
1821	Chrétion..	Chef d'escadron.
1821	Carré..	Lieutenant-colonel.
1819	Chatillon.	*Idem.*
1814	*Moujon.	Chef d'escadr., dans les places.
1820	*Courrier..	Capitaine, réformé.
1815	*Canelle de la Lobbe. . . .	Lieut.-colonel, dans les places.
1821	De la Soujeolle.	Colonel.
1821	*Colson.	Général de brigade, tué.
1819	Hartung..	Général de brigade.
1820	*Vertray.	Chef d'escadron, décédé.
1817	*Delmas (Pierre).	Capitaine, réformé.
1821	Deguilly (Charles).	Chef d'escadron.
1816	Faure..	Général de brigade.
1821	Forgemol.	*Idem.*
1820	Schmitz..	*Idem.*
1819	*Conégliano.	Lieutenant-colonel, retraité.
1820	*De Brou..	Chef d'escadron, retraité.
1819	*De Morlaincourt.	Lieutenant-colonel, retraité.
1820	*Larché.	Capitaine dans la gendarmerie.
1818	*De la Hitte.	Capitaine, tué.
1820	*Rihl.	Capitaine, décédé.
1821	*Donnéa.	Chef d'escadron, décédé.

PROMOTION DE 1845 *(Sortie en décembre 1844).*

Date de la naissance.	NOMS.	POSITION ACTUELLE.
1818	*Deshorties..	Lieutenant-colonel, retraité.
1821	Lamy..	Colonel.
1822	D'Ornant.	*Idem.*
1820	*Tripier.	Capitaine, décédé.
1820	Mircher..	Colonel.
1821	*Le Guilloux.	Chef d'escadron, décédé.
1821	Debize.	Lieutenant-colonel.
1821	Vial.	*Idem.*
1819	De Bigot..	*Idem.*
1822	*Georgel.	Capitaine, décédé.
1821	*Delavau..	Capitaine, démissionnaire.
1820	*Hautz..	Capitaine, décédé.

Date de la naissance.	NOMS.	POSITION ACTUELLE.
1821	*Clavel..............	Capitaine, décédé.
1817	Maguin.............	Lieutenant-colonel.
1819	Armand............	*Idem.*
1817	*Tailhades.........	Chef d'escadron, décédé.
1821	D'Andigné.........	Colonel.
1820	Boyer.............	Sous-intend. mil. adj., décédé.
1820	Gruizard..........	Lieutenant-colonel.
1820	*De Foucauld......	Chef d'escadron, décédé.
1819	Lesieur...........	Lieutenant-colonel.
1820	*De la Bastide (Martin)...	Capitaine, démissionnaire.

PROMOTION DE 1846 (*Sortie en décembre 1845*).

Date de la naissance.	NOMS.	POSITION ACTUELLE.
1825	Lewal.............	Colonel.
1825	*Billard..........	Capitaine, décédé.
1820	*Adolphy.........	*Idem, idem.*
1819	*De Denant.......	Rayé des contrôles après jugem.
1821	*Vigo Roussillon...	Intendant militaire.
1822	Foy..............	Général de brigade.
1821	Duval............	Lieutenant-colonel.
1821	*Cartier..........	Lieutenant-colonel, retraité.
1821	Moutels..........	Lieutenant-colonel.
1819	*Fontaine........	Chef d'escadron, décédé.
1822	Villette..........	Colonel.
1823	Grangez du Rouet...	*Idem.*
1821	*De Caumont (Busquet)...	Sous-int. mil. de 1re cl., décédé.
1822	*Kieffer..........	Capitaine, réformé.
1820	*De Cabrières.....	Capitaine, démissionnaire.
1823	Bourgeois (Louis-Henri)...	Chef d'escadron.
1821	De Rosmorduc......	*Idem.*
1821	De Jouffroy d'Abbans...	Colonel.
1822	D'Abzac..........	*Idem.*
1823	*Decroyer........	Capitaine, décédé.
1821	*Gayard..........	Intendant militaire (réserve).
1821	De Plazanet.......	Lieutenant-colonel.
1823	*Carnet..........	Capitaine, réformé.
1818	*Zglinicki........	Capitaine, démissionnaire.
1821	*De la Chevardière...	Intendant militaire.

Date de la naissance.	NOMS.	POSITION ACTUELLE.

PROMOTION DE 1847 (*Sortie en décembre 1846*).

Date de la naissance.	NOMS.	POSITION ACTUELLE.
1823	Versigny	Chef d'escadron.
1823	Broye	Colonel.
1825	Thil	Chef d'escadron.
1823	*De Puymirol	Capitaine, démissionnaire.
1823	*Taisson	Sous-intendant milit. de 2e cl.
1823	*Parmentier	Chef d'escadron, tué.
1824	*Maréchal	Capitaine, décédé.
1823	*De Mamony	*Idem, idem.*
1819	Du Peloux	Chef d'escadron.
1821	Davenet	Colonel.
1822	Lecoq	Chef d'escadron.
1823	Lonclas	Lieutenant-colonel.
1824	D'Andlau	Colonel.
1824	Gaillard	*Idem.*
1823	Granthil	Chef d'escadron.
1823	*Fourgues	Capitaine, décédé.
1822	Chennevière	Lieutenant-colonel.
1822	Tiersonnier	*Idem.*
1820	*Grandjean	Chef d'escadron, retraité.
1825	*Gélis	Chef d'escadron, décédé.
1824	Saget (Henri)	Colonel.
1823	*Féraud	Capitaine, décédé.
1825	*Mathelin	Lieutenant, *idem.*
1823	*Gallot	Lieutenant-colonel, retraité.

PROMOTION DE 1848 (*Sortie en décembre 1847*).

Date de la naissance.	NOMS.	POSITION ACTUELLE.
1825	De Kleinenberg	Lieutenant-colonel.
1825	De Sachy	*Idem.*
1825	*Devanlay	Chef d'escadron, décédé.
1823	Taffin	Lieutenant-colonel.
1826	*Altmayer	Sous-intend. mil. adj., décédé.
1823	*Péro	Chef d'escadron, décédé.
1824	Des Plas	Colonel.
1826	Munier	Lieutenant-colonel.

Date de la naissance.	NOMS.	POSITION ACTUELLE.
1825	*Baligand	Capitaine, tué.
1825	*Thiéry	Chef d'escadron, retraité.
1821	*Conti	Passé dans la gendarmerie.
1821	*Petitjean	*Idem.*
1824	*Béthune	Capitaine, décédé.
1825	*Moyse	Sous-intendant militaire.
1824	*De Lausun	Capitaine, décédé.
1826	*Mony	Sous-intendant militaire.
1821	Clarinval	Chef d'escadron.
1825	*De Laporte	Capitaine, démissionnaire.
1820	*Chauffard	Capitaine, réformé.
1825	*De Larminat	Capitaine, décédé.
1825	*Cousinard	*Idem, idem.*

PROMOTION DE 1849 *(Sortie en décembre 1848).*

Date de la naissance.	NOMS.	POSITION ACTUELLE.
1826	*De Beurnonville	Capitaine, démissionnaire.
1824	*Petit	Chef d'escadron, décédé.
1825	Pujade	Lieutenant-colonel.
1823	Tissier	*Idem.*
1825	*Piquemal	Colonel, tué.
1822	Regnier (Joseph)	Lieutenant-colonel.
1825	*Wachter	Capitaine, démissionnaire.
1824	De Bouillé	Général de brigade.
1822	Forey	Chef d'escadron.
1826	*Rossignol	Sous-intendant militaire.
1825	*Masson (Jean-Joseph)	Lieutenant-colonel, retraité.
1826	Regnier (Auguste)	Lieutenant-colonel.
1824	*De Fontenailles	Lieutenant, démissionnaire.
1825	*De Kainlis	Capitaine, décédé.
1825	Duverney	Chef d'escadron.
1824	Marquerie	Lieutenant-colonel.
1822	Perrotin	Chef d'escadron.
1822	D'Orléans	Lieutenant-colonel.
1826	Bourgeois (Eugène)	Chef d'escadron.
1826	*Cahen	Sous-intendant militaire.

Date de la naissance.	NOMS.	POSITION ACTUELLE.
1827	De Lagranville (Mor.). . . .	Chef d'escadron,
1822	*Gaffiot.	Lieutenant, décédé.
1824	Goumenault des Plantes. . .	Chef d'escadron.
1822	Willette.	Lieutenant-colonel.

PROMOTION DE 1850 (*Sortie en décembre 1849*).

1827	Fay.	Lieutenant-colonel.
1823	*Viroux.	Sous-intendant militaire.
1825	Beaugeois.	Lieutenant-colonel.
1827	*Lanier.	Chef d'escadron, décédé.
1828	Seguier.	Chef d'escadron.
1824	*Delaubier.	Capitaine, décédé.
1823	Bugnot.	Chef d'escadron.
1825	Loysel.	Général de brigade.
1824	*Pourtois..	Sous-intendant militaire.
1828	Lambrigot	Chef d'escadron.
1827	Heilmann (Jules).	*Idem.*
1824	Bourgeois (Alfred).	*Idem.*
1826	*Brethous.	Capitaine, décédé.
1824	*Bresson.	Chef d'escadron, retraité.
1825	Seigland..	Lieutenant-colonel.
1823	Heilmann (Gustave).	Chef d'escadron.
1825	De l'Eglise.	*Idem.*
1827	Rouby..	*Idem.*
1825	*Lendy..	Lieutenant, destitué.
1825	*Vialla..	Lieutenant, décédé.
1826	*Loizillon.. . , ...	Lieut.-colonel, en non-activité.
1826	*Malavialle..	Capitaine, démissionnaire.
1824	Jumel de Noireterre.	Chef d'escadron.
1825	*Burtel..	Capitaine, retraité.

PROMOTION DE 1851 (*Sortie en décembre 1850*).

1826	De Villermont.	Lieutenant-colonel.
1824	Foerster..	*Idem.*
1827	De Clermont-Tonnerre. . . .	Colonel.
1827	Le Pipre.	Chef d'escadron.
1828	*Gatine..	Chef d'escadron, décédé.

Date de la naissance.	NOMS.	POSITION ACTUELLE.
1828	Decosmi.	Capitaine.
1829	Déaddé.	Chef d'escadron.
1826	*Roux.	Sous-intendant militaire.
1826	Poulot.	Chef d'escadron.
1828	*Teissoire.	Capitaine, démissionnaire.
1824	*Coutbaud.	Capitaine, décédé.
1826	*De Laboissière.	Idem, idem.
1826	Kienlin.	Chef d'escadron.
1826	*Saunier.	Sous-intendant militaire.
1826	Barry.	Lieutenant-colonel.
1827	Jacob.	Chef d'escadron.
1827	*Troutlet.	Capitaine, décédé.
1827	Robert (Louis-Léon).	Lieutenant-colonel.

PROMOTION DE 1852 (*Sortie en décembre 1851*).

Date de la naissance.	NOMS.	POSITION ACTUELLE.
1829	De Verdière.	Chef d'escadron.
1830	Pesme.	Lieutenant-colonel.
1829	Colin.	Lieutenant-colonel.
1829	Adorno de Tscharner. . . .	Chef d'escadron.
1828	Pinoteau.	Idem.
1828	*Hansot.	Capitaine, décédé.
1828	Billot.	Général de brigade
1825	Meusnier.	Chef d'escadron.
1826	Gervais.	Idem,
1827	*De Boisbrunel.	S.-intend. milit.
1827	Haillot.	Chef d'escadron.
1828	Fix.	Idem.
1827	*Lucas.	Chef d'escadron, tué.
1825	Boudet.	Lieutenant-colonel.
1827	Mojon.	Chef d'escadron.
1829	Dubreton.	Idem.
1828	Warnet.	Lieutenant-colonel.
1828	Delphin.	Chef d'escadron.
1829	De Lantivy.	Idem.
1828	Hubert Castes	Lieutenant-colonel.
1827	Boquel.	Idem.
1827	De Saint-George	Chef d'escadron.

Date de la naissance.	NOMS.	POSITION ACTUELLE.
1825	*Hausrath.	Capitaine retraité.
1825	Miot.	Chef d'escadron.
1829	De Fayet.	*Idem.*

PROMOTION DE 1853 (*Sortie en décembre 1852*).

Date de la naissance.	NOMS.	POSITION ACTUELLE.
1831	D'Elloy.	Chef d'escadron.
1829	Caffarel.	*Idem.*
1828	Roussel.	*Idem.*
1829	De Mequenem.	*Idem.*
1827	*De Mhly.	Chef d'escadron, décédé.
1830	Boussenard.	Lieutenant-colonel.
1828	*Marigues.	Chef d'escadr. en non-activité.
1826	*Rollet.	Capitaine, tué.
1828	*Decker.	Capitaine, décédé.
1828	*Fouque.	*Idem,* idem.
1832	*Rolin.	Chef d'escadr., en non-activité.
1830	Grosjean.	Chef d'escadron.
1825	*Beaux.	Chef d'escadron, décédé.
1831	Lespinas.	Chef d'escadron.
1829	De l'Espée.	Lieutenant-colonel.
1830	*Gilly.	Capitaine, démissionnaire.
1825	Samuel.	Chef d'escadron.
1825	*Quillot.	Capitaine retraité.
1830	*De Lascours.	Capitaine, démissionnaire.
1831	Schnell.	Chef d'escadron.
1829	Pagès.	*Idem.*
1831	Lafouge.	*Idem.*
1828	Dantin.	*Idem.*
1826	*Detalle.	Capitaine, décédé
1827	*Gachet.	Sous-intendant militaire.

PREMIÈRE PROMOTION DE 1854
(*Sortie en décembre 1853*).

Date de la naissance.	NOMS.	POSITION ACTUELLE.
1830	*Tinchant.	Chef d'escadron, décédé.
1829	Faivre.	Chef d'escadron.
1829	*De Berlier Tourtour.	Capitaine, démissionnaire.

Date de la naissance.	NOMS.	POSITION ACTUELLE.
1831	Jeaujean	Chef d'escadron.
1827	Lignier	Capitaine.
1827	Vinet	Chef d'escadron.
1827	*Joba	Sous-intendant militaire.
1829	Mequillet	Capitaine.
1830	De Cools	Colonel.
1827	De Balz	Chef d'escadron.
1832	*De Lambilly	Lieutenant-colonel, tué.
1831	Tordeux	Chef d'escadron.
1829	*Gruchet	Capitaine, décédé.
1829	De Gaudemaris	Chef d'escadron.
1831	*De la Lande (Mangon)	Capitaine, tué.
1825	Vanson	Chef d'escadron.
1824	Titre	*Idem.*
1829	*Tranchard	Sous-intendant militaire.
1831	De Bastard	Lieutenant-colonel.
1830	*Hita de Nercy	Capitaine, démissionnaire.
1832	Le Guern	Chef d'escadron.
1830	Beillet	Capitaine.
1831	*Iratsoquy	Sous-intendant militaire.

DEUXIÈME PROMOTION DE 1854

(Sortie le 1er octobre 1854).

Date de la naissance.	NOMS.	POSITION ACTUELLE.
1832	*Servier	Lieutenant, tué.
1829	*Capitan	Chef d'escadron, tué.
1828	*Colle	Capitaine, décédé.
1831	Leperche	Lieutenant-colonel.
1830	De Réals	Chef d'escadron.
1830	*De Maindreville	Capitaine, démissionnaire.
1829	Guillet (Gustave)	Chef d'escadron.
1829	Hiver	Capitaine.
1828	Goursaud	Chef d'escadron.
1828	*Chabrol	Chef de bat. d'infant., tué.
1832	*Gisbert	Capitaine, tué.
1830	Laveuve	Chef d'escadron.
1830	De Vallin	Capitaine.

Date de la naissance	NOMS.	POSITION ACTUELLE.
1828	*Descombes..	Lieutenant décédé.
1831	Berguet.	Chef d'escadron.
1828	De Mauduit.	Capitaine.
1828	*Gariod.	Capitaine, décédé.
1835	*Guillet (Alexandre).	*Idem, idem.*
1828	Hacquart.	Chef d'escadron.
1827	Oget..	*Idem.*
1828	*Hitschler.	Sous-intendant.
1830	Rubino de Barazia.	Capitaine.
1828	*De Miribel.	Capitaine, démiss., décédé.
1832	*De Fossa.	Capitaine démissionnaire.
1832	Fabre.	Lieutenant-colonel.
1829	Wyts.	Chef d'escadron.
1830	*De Sainte-Marie.	Capitaine, démissionnaire.
1830	De Pouvourville.	Capitaine.
1830	Anot de Maizière.	*Idem.*
1832	Multzer.	Chef d'escadron.

PROMOTION DE 1835 (*Sortie le 2 octobre 1855*).

Date de la naissance	NOMS.	POSITION ACTUELLE.
1831	Corbin.	Chef d'escadron.
1829	Dumas.	Capitaine.
1834	De Crény.	Chef d'escadron.
1830	Sonnois.	*Idem.*
1832	Mercier.	Capitaine.
1831	*Klein.	Lieutenant, tué.
1833	Leps.	Capitaine.
1831	Thillaye..	*Idem.*
1832	Le Lorrain.	Chef d'escadron.
1834	Besancèle.	*Idem.*
1834	Riff..	*Item.*
1828	*Gallotti.	Capitaine, en non-activité.
1833	Gossart.	Capitaine.
1827	De Polignac.	Chef d'escadron.
1831	Vosseur..	Lieutenant-colonel.
1833	Hepp.	Chef d'escadron.
1831	*De Merlis..	Capitaine, décédé.

Date de la naissance.	NOMS.	POSITION ACTUELLE.
1833	De France.	Chef d'escadron.
1833	De Locmaria.	Capitaine.
1834	*De Kervenoël.	Capitaine, tué.
1831	De Salles.	Chef d'escadron.
1833	Dutheil de la Rochère. . . .	Capitaine.
1833	Destremau.	*Idem.*
1831	*Demiau.	Capitaine, décédé.
1851	*Dumarest.	Capitaine, démissionnaire.
1833	Jung.	Capitaine.
1831	Schnéegans.	Chef d'escadron.
1833	*Thouroude..	Sous-intendant.
1830	Duquesnay..	Chef d'escadron.
1830	Claussel..	*Idem.*

PROMOTION DE 1856 (*Sortie en décembre* 1855).

Date de la naissance.	NOMS.	POSITION ACTUELLE.
1833	Hertrich..	Capitaine.
1835	*Reille..	Capitaine, démissionnaire.
1834	*Martin (V).	Capitaine, décédé.
1832	*Pochard-Brémard.	Capitaine, démissionnaire.
1833	Watripon.	Chef d'escadron.
1833	*Nau de Champlouis. . . .	Capitaine, retraité.
1832	*Hudelot.	Capitaine, décédé.
1832	Aubry.	*Idem.*
1834	*Mahé.	Lieutenant, décédé.
1833	Boisgard.	Chef d'escadron.
1832	Costa de Serda.	Capitaine.
1834	Masson (A. H.).	Chef d'escadron.
1833	Magnan.	Lieutenant-colonel.
1832	*De Granges de Rancy. . .	Capitaine démissionnaire.
1833	*Simonin..	*Idem,* idem.
1834	Guioth.	Chef d'escadron.
1832	*Duranton.	Capitaine, décédé.
1833	Derrécagaix.	Capitaine.
1834	Populaire.	Chef d'escadron.
1834	Leplus.	Capitaine.
1835	Bertrand..	*Idem.*

12.

Date de la naissance.	NOMS.	POSITION ACTUELLE.
1834	Martin (F.-L.)	Capitaine.
1853	*De Saint-Balmont.	Capitaine, tué.
1833	De Gibon.	Capitaine.
1832	Harroy.	Adjoint de 2e cl., à l'intend.
1830	Mieulet.	Chef d'escadron.
1833	*D'Hendecourt.	Capitaine, tué.
1832	Ségérand.	Chef d'escadron.
1832	Dorcau.	Capitaine.
1833	*Laurent.	Sous-intendant.
1834	Masson (A.)	Capitaine.
1834	De la Tour du Pin.	*Idem.*
1832	Perrossier.	*Idem.*
1832	De Saint-Georges (Cœuret).	*Idem.*
1832	Bossan.	Chef d'escadron.
1835	Chanoine.	*Idem.*
1833	Caris.	Capitaine.
1833	Jariez.	*Idem.*
1835	Foucher.	*Idem.*
1834	Clément.	*Idem.*
1829	Tugnot de Lanoye.	*Idem.*
1833	*Larraut.	Capitaine, décédé.
1832	*Coller.	Capitaine, tué.
1832	*De Saint-Preux.	*Idem,* idem.
1833	Rougier.	Chef d'escadron.
1832	Truchy.	Capitaine.
1833	Sicard.	Capitaine.
1832	*Mathieu de Fossey.	Passé dans la gendarmerie.

PROMOTION DE 1857 (*Sortie en décembre* 1856).

Date de la naissance.	NOMS.	POSITION ACTUELLE.
1836	Lemoyne.	Capitaine.
1836	*Demartial.	Sous-intend.
1833	De Saint-Haouen.	Capitaine.
1834	Chambert.	Chef d'escadron.
1834	*Moreau.	Capitaine, décédé.
1835	De Sesmaisons.	Chef d'escadron.
1835	Durostu.	*Idem.*

Date de la naissance.	NOMS.	POSITION ACTUELLE.
1834	* Pernin.	Capitaine, décédé.
1834	* Biauson	*Idem,* idem.
1834	Guérin.	Capitaine.
1834	Du Closel	*Idem.*
1834	Harel.	Chef d'escadron.
1834	Parison.	Capitaine.
1833	Perrier.	*Idem.*
1835	De Maumigny.	Chef d'escadron.
1834	* Jacquemart.	Lieutenant, décédé.
1834	* Berger.	Capitaine, démissionnaire.
1834	* De Stabenrath.	*Idem,* idem.
1836	* De Gravillon	Capitaine, tué.
1835	* Varroquier	Capitaine, décédé.
1833	Linet.	Chef d'escadron.
1835	Grenier.	Capitaine.
1836	* De Chabannes.	Chef d'escadron, décédé.
1835	Chevalier.	Chef d'escadron.
1835	De Vigneral.	*Idem.*
1833	Docteur.	Capitaine.
1836	Moutz	Chef d'escadron.
1834	* Acloque.	Sous-lieutenant, démissionn.
1833	* Descemet.	Lieutenant, tué.
1834	* Bruyère	Sous-intendant.
1834	Vincent.	Chef d'escadron.
1833	Imbourg	Capitaine.
1833	Rispaud	*Idem.*
1833	Thiroux.	*Idem.*
1836	Walter.	*Idem.*
1833	* Blayn	Lieutenant, décédé.

PROMOTION DE 1858 (*Sortie en décembre 1857*).

Date de la naissance.	NOMS.	POSITION ACTUELLE.
1834	De la Boulaye.	Capitaine.
1833	Laballe.	*Idem.*
1837	Reiss.	*Idem.*
1835	Senault.	Chef d'escadron.
1834	Garcin	*Idem.*

Date de la naissance.	NOMS.	POSITION ACTUELLE.
1834	*Gillot	Lieutenant, décédé.
1836	*Duriez	Lieutenant, tué.
1835	Campionnet	Capitaine.
1836	*De Kervenoël	Sous-intendant de 2ᵉ classe.
1836	De Brye	Capitaine.
1833	*Dumoulin	Capitaine, démissionnaire.
1834	Blanchot	Capitaine.
1836	Roudaire	Idem.
1851	*Proust	Capitaine, tué.
1834	De Villars	Capitaine.
1835	Bidot	Chef d'escadron.
1835	Bocher	Capitaine.
1835	Collin	Chef d'escadron.
1834	De Lassonne	Capitaine.
1835	Caillo	Idem.
1837	Brunet	Idem.
1833	Bécat	Idem.
1836	Leroy	Idem.
1834	De Grandmaison	Idem.
1835	Honneton	Idem.
1837	Thomas	Idem.
1834	Rouff	Idem.
1835	Bourrelly	Idem.
1835	Demasur	Idem.
1837	*De Robernier	Lieutenant, décédé.
1834	Chamvoux	Chef d'escadron.
1836	*Haillot	Capitaine, en non-activité.
1834	*Manceaux	Lieutenant, tué.
1835	Guerrier	Capitaine.
1835	Bourcart	Chef d'escadron.
1835	Ganot	Capitaine.
1836	Berruyer	Idem.
1835	Nigote	Idem.
1834	De Nègre du Clat	Idem.
1833	*Juillet	Capitaine, démiss., décédé.
1834	*Jolivalt	Capitaine, démissionnaire.
1834	Rondot	Capitaine.

Date de la naissance	NOMS.	POSITION ACTUELLE.

PROMOTION DE 1859 (*Sortie en décembre 1858*).

Date de la naissance	NOMS.	POSITION ACTUELLE.
1835	Longuet	Capitaine.
1834	Godfroy	*Idem.*
1836	*Tamajo	Capitaine, décédé.
1836	*Du Marché	Sous-intendant de 2e classe.
1835	Chandonné	Capitaine.
1836	Amphoux	*Idem.*
1837	Martner	*Idem.*
1834	Le Mulier	*Idem.*
1835	Darras	*Idem.*
1836	Leroy	*Idem.*
1835	*Bondivenne	Capitaine, décédé.
1836	*Heilmann	Sous=intendant de 2e classe.
1836	Renouard	Capitaine.
1835	Rouvière	Chef d'escadron.
1836	*Chalauqui	Capitaine, en non-activité.
1835	Henderson	Capitaine.
1835	Schasseré	*Idem.*
1834	Rosselin	*Idem.*
1836	Michel	*Idem.*
1837	Blanc	*Idem.*
1834	*Julien	Lieutenant, démissionnaire.
1834	*Le Briero	Capitaine, réformé.
1836	*De Divonne	Capitaine, démissionnaire.
1833	Peyronnet	Capitaine.

PROMOTION DE 1860 (*Sortie en décembre 1859*).

Date de la naissance	NOMS.	POSITION ACTUELLE.
1837	*Béguin	Capitaine, tué.
1837	Robert (F.)	Capitaine.
1838	*Fouquet	Capitaine, décédé.
1835	Hulin	Capitaine.
1838	Gavard	*Idem.*
1836	Bataille	*Idem.*
1836	*Vialla	Capitaine, décédé.
1836	Kessler	Capitaine.

Date de la nais-sance.	NOMS.	POSITION ACTUELLE.
1832	Godard.	Capitaine.
1836	Mourlan.	Chef d'escadron.
1836	*Joba.	Sous-intendant militaire.
1838	Delannoy.	Capitaine.
1837	De Maindreville-Doë.	*Idem.*
1837	De Kersauson.	*Idem.*
1837	*Descarneaux-Gaudeau.. . . .	Lieutenant, décédé.
1836	Bois..	Chef d'escadron.
1835	Contesse..	Capitaine.
1837	De Verneuil.	*Idem.*
1855	Mouraux..	Chef d'escadron.
1855	Noiret.. . . . . , .	Capitaine.
1837	*Robert (A).	Sous-intendant de 2e classe.
1836	Carron.	Capitaine.
1836	Lecocq.	*Idem.*
1856	Abria..	*Idem.*
1836	*Hoh..	Capitaine, décédé.

PROMOTION DE 1861 (*Sortie en décembre 1860*).

Date de la nais-sance.	NOMS.	POSITION ACTUELLE.
1839	*Caillé.	Adj. de 1re cl., à l'intendance.
1840	Niox.	Capitaine.
1839	*Thomas.	Capitaine, décédé.
1837	*Colle.	*Idem,* idem.
1838	*Furst.	Capitaine, démissionnaire.
1858	Graff.	Capitaine.
1837	*De la Touanne..	Capitaine, démissionnaire.
1838	Finot.	Capitaine.
1839	Humbel.	*Idem.*
1835	*Lafosse.	Sous-intendant de 2e classe.
1837	Roisin..	Capitaine.
1836	*Acaries.	Capitaine, démissionnaire.
1837	Fikelscherer..	Capitaine.
1838	Wolf.	*Idem.*
1838	Danès..	*Idem.*
1835	De Laquesnerie.	*Idem.*
1838	Gouse..	*Idem.*

Date de la naissance.	NOMS.	POSITION ACTUELLE.
1835	Rouget.	Capitaine.
1836	Chavand..	*Idem.*

PROMOTION DE 1862 (*Sortie en décembre 1861.*

Date de la naissance.	NOMS.	POSITION ACTUELLE.
1838	Titeux.	Capitaine.
1840	*Crémer.	Chef d'escadron, réformé.
1838	Tisseyre..	Capitaine.
1838	Faure Biguet.	*Idem.*
1840	*Romanet..	Adj. de 1re cl., à l'intendance.
1838	Mulotte.	Capitaine.
1840	Louis.	*Idem.*
1840	*Chariot.	Adj. de 1re cl., à l'intendance.
1840	*Simon..	Sous-intendant de 2e classe.
1839	Gœdorp.	Capitaine.
1838	*De Rainvillers.	Capitaine, démissionnaire.
1838	*Delatre.	*Idem,* idem.
1839	Babin.	Capitaine.
1840	*Lignières.	Capitaine, retraité.
1837	Georgin.	Capitaine.
1837	Marchal..	*Idem.*
1839	*De Calvière.	Capitaine, tué.
1839	De Langaleric.	Capitaine.
1840	*De Trévise..	Lieutenant, démissionnaire.
1838	De la Tuollays..	Capitaine.
1838	*Marinier..	Adj. de 1re cl., à l'intendance.
1839	Voyer..	Capitaine.
1837	*De Lajudie.	Capitaine, démissionnaire.

PROMOTION DE 1863 (*Sortie en décembre 1862*).

Date de la naissance.	NOMS.	POSITION ACTUELLE.
1839	De Boisdeffre.	Chef d'escadron.
1840	*Wartelle..	Capitaine, démissionnaire.
1841	Avon.	Capitaine.
1839	Béziers-Lafosse.	*Idem.*
1836	Tardif..	*Idem.*
1838	De Masin.	*Idem.*
1838	Allaire.	*Idem.*

Date de la naissance.	NOMS.	POSITION ACTUELLE.
1839	*Serand.	Adj. de 1re cl., à l'intendance.
1840	Dutheil de la Rochère	Capitaine.
1838	*Gomien.	Adj. de 2e cl., à l'intendance.
1840	De l'iépape	Capitaine.
1840	*De Barre.	Capitaine, tué.
1840	Parisot.	Capitaine.
1839	Aignan.	Idem.
1839	*De Vaudrimey-Davoust. . . .	Capitaine, tué.
1839	Broussier	Capitaine.
1840	Barrois.	Idem.
1840	De Montfort.	Idem.
1839	Derrieu.	Idem.
1839	Humbert Droz.	Idem.
1839	Litschfousse.	Idem.
1838	De la Messelière.	Idem.
1839	Godelier	Idem.

PROMOTION DE 1864 (*Sortie en décembre 1863*).

Date de la naissance.	NOMS.	POSITION ACTUELLE.
1840	De Germiny.	Capitaine.
1841	De Reinach.	Idem.
1842	De la Vieuville	Idem.
1839	Del Cambre.	Idem.
1840	De la Ferté	Idem.
1839	Schnaiter	Idem.
1841	Rivière.	Idem.
1842	Delorme	Idem.
1839	*Thory	Capitaine, démissionnaire.
1842	Périgord	Capitaine.
1841	Donop	Idem.
1842	De Pellieux.	Idem.
1841	*Abblart.	Capitaine, décédé.
1840	De Saint-Etienne	Capitaine.
1839	Briois.	Idem.
1841	Crétin	Idem.
1839	De la Villegille	Idem.
1837	Durieux.	Idem.

Date de la naissance.	NOMS	POSITION ACTUELLE.
1838	Poulain.	Capitaine.
1859	*D'Adhémar.	Capitaine, décédé.

PROMOTION DE 1865 (*Sortie en décembre 1864*).

Date de la naissance.	NOMS	POSITION ACTUELLE.
1842	*Brichard	Adjoint de 1re cl., à l'intend.
1841	De Malglaive	Capitaine.
1841	Fayet.	*Idem.*
1843	Allotte	*Idem.*
1842	De Lanouvelle.	*Idem.*
1840	De la Boulaye.	*Idem.*
1841	Bertrand	*Idem.*
1840	Marois	*Idem.*
1840	D'Heilly	*Idem.*
1841	Croissandeau	*Idem.*
1840	Penel.	*Idem.*
1842	De Kerdrel	*Idem.*
1840	Garre.	*Idem.*
1841	Meynier.	*Idem.*
1841	De Grouchy.	*Idem.*
1840	Arnous-Rivière	*Idem.*
1840	Leduc.	*Idem.*
1840	De Béarn.	*Idem.*
1840	*De Terras.	Lieutenant, démissionnaire

PROMOTION DE 1866 (*Sortie en décembre 1865*).

Date de la naissance.	NOMS	POSITION ACTUELLE.
1841	Rau.	Capitaine.
1841	Mathieu.	*Idem.*
1842	Saint-Arroman.	*Idem.*
1841	De Geffrier	*Idem.*
1843	Espivent de la Villesboisnet.	*Idem.*
1842	*Pifteau.	Capitaine, décédé.
1841	D'Amboix.	Capitaine.
1842	Mansuy.	*Idem.*
1841	Bassot	*Idem.*
1841	De Verneuil.	*Idem.*

13

Date de la naissance.	NOMS.	POSITION ACTUELLE.
1842	Pendezec.	Capitaine.
1842	Barb.	Idem.
1842	D'Harcourt	Idem.
1840	*Migneret	Capitaine, tué.
1842	De Haut.	Capitaine.
1842	De l'Enferna	Idem.
1839	De Champflour.	Idem.
1843	De Montarby	Idem.
1839	De Luppé.	Idem.
1841	*De Perthuis.	Capitaine, démissionnaire.

PROMOTION DE 1867 (*Sortie en décembre* 1866).

Date de la naissance.	NOMS.	POSITION ACTUELLE.
1845	Hagron	Capitaine.
1843	Dion.	Idem.
1842	De France.	Idem.
1843	De Bellomayre.	Idem.
1842	De Sancy.	Idem.
1843	*Bonet.	Capitaine, tué.
1842	*Perrin	Lieutenant, décédé.
1842	Rigollet.	Capitaine.
1842	De La Batut.	Idem.
1842	Lachasse	Idem.
1843	De Courson	Idem.
1843	Thierry.	Idem.
1843	De la Pommeraye	Idem.
1840	De Lagrené.	Idem.
1843	D'Entraigues	Idem.
1842	Emmory.	Idem.
1843	Soyer.	Idem.

PROMOTION DE 1868 (*Sortie en décembre* 1867).

Date de la naissance.	NOMS.	POSITION ACTUELLE.
1845	Peloux	Capitaine.
1843	*Izambert.	Capitaine, décédé.
1844	De Luxer.	Idem.
1844	Altmayer	Idem.

Date de la naissance.	NOMS.	POSITION ACTUELLE.
1845	De Lagrèverie.	Capitaine.
1844	De Torcy	Idem.
1844	Fabre.	Idem.
1842	De Taffart.	Idem.
1844	De Chanteloup.	Idem.
1845	Plazanet.	Idem.
1844	Roidot	Idem.
1845	Uhrich (Albert)	Idem.
1845	Uhrich (Paul).	Idem.
1844	De Contenson.	Idem.
1843	De Lagatinerie	Idem.
1845	Desborties.	Idem.
1845	Delamarre.	Idem.

PROMOTION DE 1869 (*Sortie en décembre 1868*).

Date de la naissance.	NOMS.	POSITION ACTUELLE.
1846	Rogel.	Capitaine.
1844	Lorain	Idem.
1845	Michal.	Idem.
1845	Masson.	Idem.
1846	Huc (Gustave).	Idem.
1846	Davignon.	Idem.
1843	Libersart.	Idem.
1844	D'Ormesson.	Idem.
1845	Darricau	Idem.
1845	Révérard	Idem.
1845	Deleuze.	Idem.
1846	Lachouque	Idem.
1843	Besson.	Idem.
1846	Marsaa	Idem.
1846	Rollet.	Idem.
1844	Coulon	Idem.
1846	De la Noüe.	Idem.
1843	De Rey.	Idem.
1844	De Ginibral.	Idem.
1844	Huc (Henri).	Idem
1845	De Lestapis.	Idem.

Date de la naissance.	NOMS.	POSITION ACTUELLE.
1846	Hürstel.	Capitaine.
1846	Laude	*Idem.*
1842	Bodin.	*Idem.*

1re PROMOTION DE 1870 (*Sortie en décembre 1869*).

1847	Laplace.	Capitaine.
1847	Tronchet	*Idem.*
1845	Voirin.	*Idem.*
1846	Duteil	*Idem.*
1845	Penaud.	*Idem.*
1845	*De Rangot.	Adjoint de 2e cl., à l'intend.
1847	Frater	Capitaine.
1847	De Mainbray	*Idem.*
1845	Burot de l'Isle.	*Idem.*
1845	Moëssard	*Idem.*
1848	De Chaussepierre	*Idem.*
1843	De Bousignac.	*Idem.*
1846	De la Brousse.	*Idem.*
1844	De Peretti.	*Idem.*
1846	Lamy.	*Idem.*
1848	Marmet.	*Idem.*
1846	Niel	*Idem.*
1844	Caumers	*Idem.*
1845	Chamoin	*Idem.*
1847	Cheynier	*Idem.*
1845	De Cléric.	*Idem.*
1847	Mayniel.	*Idem.*
1847	De Malherbe.	*Idem.*
1847	Morel.	*Idem.*
1847	Desrousseaux	*Idem.*

2e PROMOTION DE 1870 (*Sortie le 21 juillet 1870*).

1848	Lelasseux.	Capitaine.
1848	D'Aboville	*Idem.*
1846	Lafuente	*Idem.*

Date de la naissance.	NOMS.	POSITION ACTUELLE.
1847	De la Baume.	Capitaine.
1847	Ferré.	*Idem.*
1846	Vacossin	*Idem.*
1848	De Gérauvillier	*Idem.*
1848	Frignet.	*Idem.*
1847	Bailloud.	*Idem.*
1847	Gast.	*Idem.*
1848	Du Martray	*Idem.*
1847	Falcou	*Idem.*
1849	Dubos	*Idem.*
1848	Chiniac.	*Idem.*
1847	Lerat.	*Idem.*
1848	Berthaut	*Idem.*
1846	De la Tullaye.	*Idem.*
1847	Jacquin.	*Idem.*
1847	*Des Farges	Lieutenant, en non-activité.
1846	Landas.	Capitaine.

PROMOTION DE 1873

(Sortie provisoirement en septembre 1870 et définitivement en décembre 1872).

Date de la naissance.	NOMS.	POSITION ACTUELLE.
1849	Martin	Lieutenant.
1845	Chevalme.	*Idem.*
1849	De Langle	*Idem.*
1848	Calvel..	*Idem.*
1850	Michel	*Idem.*
1848	Colonna.	*Idem.*
1848	De Jacquelot	*Idem.*
1848	Caron.	*Idem.*
1849	Cherfils.	*Idem.*
1848	Fournier	*Idem.*
1847	Dennery	*Idem.*
1847	Boucher.	*Idem.*
1847	Quévillon.	*Idem*
1849	Frater	*Idem.*

Date de la naissance.	NOMS.	POSITION ACTUELLE.
1848	De la Cornillère.	Lieutenant.
1847	Reichert	Idem.
1849	Treymuller	Idem.
1848	Saillenfest . . . . . , . .	Idem.
1849	De Vanssay.	Idem.
1847	Perronne	Idem.
1847	De Bellegarde.	Idem.
1848	Bizot.	Idem.
1847	Koszutski.	Idem.
1847	Duverger.	Idem.
1848	Pajol.	Idem.
1846	De Rumford.	Idem.
1849	Bachelu.	Idem.
1847	Souhart.	Idem.
1846	Cuvellier.	Idem.
1849	Protche.	Idem.

TABLEAU SYNOPTIQUE

Des prestations en argent et en nature allouées aux officiers du corps d'état-major.

TABLEAU SYNOPTIQUE *des prestations en argent et en nature allouées aux officiers du corps d'état-major.*

	COLONEL.	LIEUTENANT-COLONEL.	CHEF D'ESCADRON.	CAPITAINE de 1re classe.	CAPITAINE de 2e classe.	LIEUTENANT.	CHEF D'ÉTAT-MAJOR d'une division.	Colonel ou lieutenant-colonel chargé du service topographique.
	f.	f.	f.	f.	f.	f.		
Solde de présence pied de paix et pied de guerre. par an.	7,500	6,000	5,100	3,200	2,800	2,250		
par mois,	625	500	425	266 65	235 32	187 50		
Logement. par an.	960	840	720	360	360	240		
par mois.	80	70	60	30	30	20		
Rassemblement. par mois.	40	40	40	40	40	30		
Perte de chevaux et d'effets. Aux officiers prisonniers de guerre. pour perte d'effets.	900	800	700	500	500	400		
pour perte de chevaux	900	900	450	450	450	450		
Pour chaque cheval tué par l'ennemi.	450	450	450	450	450	450		
Fourrages. Pied de paix.	2	2	1	1	1	1		

	COLONEL.	LIEUTENANT-COLONEL.	CHEF D'ESCADRON.	CAPITAINE de 1re classe.	CAPITAINE de 2e classe.	LIEUTENANT.	CHEF D'ÉTAT-MAJOR d'une division.	Colonel ou lieutenant-colonel chargé du service topographique.
Pied de guerre. Fourrages. Chevaux de selle.	4	4	3	3	3	3	4	4
Chevaux de trait.	»	»	»	»	»	»	2	4
Mulets.	3	3	»	»	»	»	3	3
Vivres.	5	5	2	2	2	2		
Chauffage.	6	6	4	4	4	4		
Gratification d'entrée en campagne.	1,800	1,200	1,000	700	700	500		

NOTA. — Les officiers-élèves à l'École d'application d'état-major ont droit à la solde correspondant à leur grade dans l'infanterie, quelle que soit l'arme à laquelle ils appartiennent.

FRAIS DE BUREAU aux officiers employés aux opérations topographiques et géodésiques.

Officier supérieur. . . . 2,400 f.
Capitaines, lieutenants et sous-lieutenants. . 1,800

NOTICE ANALYTIQUE

DES ORDONNANCES, INSTRUCTIONS, RÈGLEMENTS, DÉCI-
SIONS, INSÉRÉS AU JOURNAL MILITAIRE ET CONCER-
NANT LE CORPS D'ÉTAT-MAJOR DEPUIS SA CRÉATION
JUSQU'A CE JOUR.

Année.	Mois.	Semestre.	Page.	
1818	6 mai.	1er	357	Ordonnance du roi portant création et réglant la composition d'un corps d'état-major et d'une École d'application pour le service de l'état-major général de l'armée (V. 10 déc. 1826).
Id.	30 juill.	2e	65	Instruction ministérielle sur le mode d'admission et d'examen des capitaines, lieutenants et sous-lieutenants de toutes armes qui désirent concourir à la formation du corps.
Id.	23 sept.	2e	263	Règlement approuvé par le Roi, sur la répartition du service de l'Ecole d'application, la solde et l'uniforme du corps d'état-major.
1825	26 janv.	1er	27	Ordonnance du Roi portant que le ministère de la guerre fournira pour les colonies les officiers d'état-major nécessaires au service intérieur des établissements.
1826	29 avril.	1er	151	Description de l'uniforme du corps d'ét.-major (V. 8 oct. 1845).
Id.	10 déc.	2e	»	Ordonnance royale qui organise sur de nouvelles bases le corps d'état-major. L'article 6 de cette ordonnance porte création d'un comité consultatif d'ét.-major (V. 23 fév. 1833).

Année.	Mois.	Semestre.	Page.	
1827	12 fév.	1er	40	Décision ministérielle portant que les lieutenants d'état-major qui sont détachés dans les corps de troupes cessent d'avoir droit à la solde dont ils jouissaient précédemment et qu'ils recevront celle de leur grade dans le corps où ils sont employés.
Id.	8 juin.	1er	375	Règl. sur l'adm. de l'Ecole d'appl. d'ét.-major (V. 8 mars 44 et 16 avr. 55).
Id.	30 sept.	2e	105	Décision qui accorde l'indemnité de route aux officiers d'état-major appelés à s'occuper de travaux de reconnaissances militaires à des distances excédant 5 lieues de poste de leur résidence habituelle (V. 18 oct. 1858).
1830	9 janv.	1er	25	Décision ministérielle portant que la ville de Paris n'étant pas classée au nombre des places de guerre, le service de cette place sera désormais confié aux officiers du corps d'état-major.
1831	22 fév.	1er	251	Ordonnance qui réunit le corps des ingénieurs géographes au corps d'état-major.
1833	23 fév.	1er	121	Ordonnance du Roi portant organisation nouvelle du corps d'état-major (V. 12 avril 52 et 8 juin 61).
Id.	23 avril.	1er	252	Programme des conditions imposées pour l'admission à l'École d'application d'état-major (V. 9 avril 1845).
Id.	29 avril.	1er	279	Décision ministérielle concernant l'indemnité de route allouée aux officiers d'état-major qui sont employés aux opérations relatives à la carte de France.
Id.	4 mai.	1er	301	Programme des connaissances exigées

Année.	Mois.	Semestre.	Page.	
				cerne les attributions des officiers d'état-major certaines dispositions et celle du 3 mai 1852 sur le service en campagne (V. 9 déc. 1840).
1857	25 déc.	—	—	Ordonnance du Roi portant règlement
1838	—	1er	199	sur le service de la solde et sur les revues ; réglant particulièrement ce qui concerne, à cet égard, le corps d'état-major, §§ 25, 32, 68, 80, 86, 120, 181, 190, 331, 332, 367, 382.
1838	16 mars.	1er	485	Ordonnance sur l'avancement hiérarchique des grades dans l'armée, réglant particulièrement ce qui concerne, à cet égard, le corps d'état-major.
Id.	18 août.	2e	93	Décision qui détermine la solde des capitaines d'état-major, d'après la division de ce grade en deux classes.
Id.	18 oct.	2e	»	Décision ministérielle manuscrite qui alloue l'indemnité de route aux officiers d'état-major allant, par ordre supérieur, faire des travaux de reconnaissances militaires à plus de 5 lieues de leur résidence.
1839	8 janv.	1er	18	Décision ministérielle sur la manière dont le chapeau d'uniforme doit être porté.
Id.	3 avril.	1er	128	Décision ministérielle relative au service des officiers d'état-major détachés dans les régiments.
Id.	25 juill.	2e	86	Décision du Roi qui rend applicable aux officiers d'état-major détachés dans les régiments de cavalerie, la disposition de l'ordonnance du 3 nov. 1837 qui met aux frais de l'Etat la remonte des lieutenants et sous-lieutenants de

Année.	Mois.	Semestre.	Page.	
				cavalerie. Toutefois, les capitaines n'auront droit qu'à un seul cheval.
1840	5 juill.	2e 1841	19	Circulaire sur l'inspection générale du corps d'état-major (V. 28 juin 60).
Id.	9 déc.	2e	550	Ordonnance du Roi portant rectification des différents articles de l'ordonnance du 5 mai 1832, qui avaient été modifiés par celle du 8 avril 1857.
1841	5 fév.	1er	51	Ordonnance du Roi qui fixe le nombre et le grade des aides de camp que peuvent avoir les maréchaux de France sans commandement.
Id.	18 juin.	1er	491	Ordonnance du Roi portant création d'un comité consultatif d'état-major.
1842	23 août	2e	104	Circul. prescrivant d'adresser chaque mois au ministre de la guerre un état nominatif des officiers d'état-major détachés dans les corps de troupes, avec indication du service dont ils sont chargés.
1844	8 mars.	non inséré au *Journal militaire*.		Règlement sur le service intérieur de l'École d'application d'état-major (V. 16 avril 55).
Id.	5 juill.	2e	17	Décision ministérielle déterminant le droit de commandement qui appartient aux officiers d'état-major détachés dans les corps de troupes.
Id.	8 oct.	2e	758	Armement du corps d'état-major (V. 23 juin 1849).
Id.	24 déc.	2e	559	Décis. du Roi qui attribue aux élèves de l'École d'état-major la solde uniforme de sous-lieuten. d'inf., quelle que soit l'arme dans laquelle ils aient été classés.
1845	9 avril.	1er	186	Programme des connaissances exigées pour l'admission à l'École d'état-major, maintenu en vigueur par une note ministérielle du 17 mars 1847 (V. 2 juin 51, 2 mars 55 et 22 juill. 61).

Année.	Mois.	Semestre.	Page.	
1845	8 oct.	2e	751	Devis descriptif de l'uniforme du corps d'état-major (V. 12 sept. 1846).
1846	12 sept.	2e	291	Décision modifiant la description précédente en ce qui concerne les broderies et les plumets (V. 31 déc. 1847).
1847	31 déc.	2e	475	Décision ministérielle qui rectifie la description du 8 octobre 1845.
1848	17 avril.	1er	255	Arrêté du ministre de la guerre qui autorise les officiers d'état-major, faisant partie des divisions actives, à choisir des chevaux dans la remonte.
Id.	3 mai.	1er	243	Décret portant nouvelle fixation du cadre du corps d'état-major (V. 20 déc. 51, 7 mars 55 et 28 juin 60).
Id.	13 juin.	1er	»	Arrêté relatif aux promotions à faire dans le corps d'état-major.
1849	25 juin.	1er	554	Décision ministérielle relative à l'armement et à l'équipement des officiers d'état-major appelés à faire le service à pied en petite tenue.
1850	11 août.	2e	68	Décret portant nouvelle organisation de l'École militaire de Saint-Cyr. Le paragraphe 45 dispose que 30 élèves, désignés dans l'ordre successif des numéros de mérite, parmi ceux qui en auront fait la demande, seront admis à concourir pour les places de sous-lieutenant élève à l'École d'état-major.
Id.	19 sept.	2e	128	Décret portant nouvelle organisation du Dépôt de la guerre.
1851	2 juin.	1er	250	Progr. des connaissances exigées pour l'adm. à l'École d'appl. d'état-major (V. 7 avril 53 et 22 juill. 61).
Id.	13 août.	2e	99	Instruct. relative à l'inspection générale du corps d'état-major (V. 28 juin 60).

Année.	Mois.	Semestre.	Page.	
1851	29 nov.	2ᵉ	348	Décision ministérielle relative aux modifications apportées au harnachement des chevaux des officiers du corps d'état-major.
Id.	20 déc.	2ᵉ	408	Décret portant abrogation de celui du 3 mai 1848 qui avait réduit le cadre d'activité des officiers généraux et celui du corps d'état-major.
Id.	23 déc.	2°	414	Décret qui contient de nouvelles dispositions relatives à la remonte des officiers. L'article 12 de ce décret porte que, dans le cas de formation de divisions actives, les capitaines et chefs d'escadron du corps d'état-major attachés à ces divisions, pourront être admis, en vertu d'une décision ministérielle, à recevoir leurs montures des dépôts de remonte ou des régiments de cavalerie faisant partie desdites divisions, aux conditions déterminées par l'art. 11 du décret (V. 28 mars 1852).
1852	28 mars.	1ᵉʳ	312	Décret relatif à la remonte des capitaines et lieutenants du corps d'état-major (V. 19 avril 1852).
Id.	12 avril.	1ᵉʳ	331	Décret qui modifie le 4ᵉ paragraphe de l'art. 12, l'art. 23 et le 3ᵉ paragraphe de l'art. 24 de l'ordonn. du 23 fév. 1855 concernant l'organisation du corps d'état-major (V. 8 juin 61).
Id.	15 avril.	1ᵉʳ	320	Modifications à la tenue des officiers du corps d'état-major (V. 23 avril 1852).
Id.	19 avril.	1ᵉʳ	370	Dispositions concernant la remonte des officiers d'état-major (V. 24 juin 1852).

Année.	Mois.	Semestre.	Page.	
1852	23 avril.	1er	578	Décision ministérielle portant rectification de la description du 15 avril 1852, concernant diverses modifications apportées à la tenue des officiers d'état-major.
Id.	29 avril.	1er	390	Description du bonnet de police adopté pour tous les corps de l'armée.
Id.	24 juin.	1er	817	Mode d'exécution des articles du décret du 28 mars 1852 qui autorisent la cession des chevaux de remonte aux officiers supérieurs et capitaines du corps d'état-major (V. 16 sept. 1852).
Id.	14 juill.	2^e	35	Décret relatif au nombre d'élèves à admettre chaque année, à l'École d'état-major.—(Ce nombre est porté de 25 à 30) (V. 24 avril 58).
1852	16 sept.	2^e	198	Constatations des livraisons en chevaux faites aux officiers d'état-major en vertu du décret du 28 mars 1852 (V. 5 fév. 1853).
1853	5 fév.	1er	56	Décision ministérielle relative à la remonte des officiers d'état-major et autres à titre onéreux.
Id.	7 avril.	1er	189	Décr. impérial qui modifie les conditions d'admission à l'École d'état-major (V. 19 avril 53 et 8 juin 61).
Id.	19 avril.	1er	225	Conditions et programme des connaissances exigées pour l'admission à l'École d'ét.-major (V. 22 juill. 61).
Id.	14 juin.	1er	654	Décision ministérielle qui attribue, dans toutes les positions, aux officiers d'état-major, la faculté d'opter pour les chevaux dont ils sont pourvus entre la perception des fourrages en nature et l'allocation de l'indemnité représentative.

Année.	Mois.	Semestre.	Page.	
1853	15 juill.	2e	4	Instruction pour l'exécution des travaux d'étude dont les officiers du corps d'état-major doivent être chargés.
Id.	3 sept.	2e	175	Décision ministérielle relative à la mise en subsistance, dans le corps de cavalerie, des chevaux des officiers d'état-major mis en disponibilité et à la conduite des chevaux des officiers de ce corps lorsqu'ils changent de destination.
Id.	24 oct.	2e	301	Décision ministérielle relative au mode d'imputation des dépenses résultant du traitement et de l'achat des médicaments des chevaux des officiers du corps d'état-major.
1854	17 juin.	1er	1025	Décret impérial qui modifie transitoirement l'organisation du corps d'état-major, en ce qui concerne le stage régimentaire, la durée des études à l'École impériale d'état-major et le nombre des élèves à admettre.
Id.	5 août.	2e	49	Décision ministérielle réglant la solde due aux élèves de l'École d'application d'état-major appelés à servir dans des régiments comme sous-lieutenants.
Id.	11 août.	2e	221	Décision ministérielle relative à la conduite, aux frais de l'État, des chevaux des officiers montés de toutes armes qui changent de destination.
1855	2 mars.	1er	150	Décis. ministér. portant le programme des connaissances exigées des sous-lieuten. de l'armée (V. 22 juill. 61).
Id.	7 mars.	1er	305	Décret impérial qui augmente le cadre d'état-major général et celui du corps d'état-major (V. 28 juin 60).

Année.	Mois.	Semestre.	Page.	
1858	24 avril.	1er	289	Décret impérial relatif au nombre d'élèves qui devront être admis chaque année à l'École d'état-major.
1859	6 mai.	1er	237	Décision impériale relative à l'augmentation des cadres de l'état-major général et du corps d'état-major.
1860	28 juin.	1er	50	Décret impérial portant nouvelle fixation du cadre du corps d'état-major.
Id.	28 juin.	»	»	Décision impériale modifiant le système d'inspection du corps d'état-major (non insérée au *Journal militaire*).
1861	8 juin.	1er	683	Décret de réorganisation de l'École de Saint-Cyr, modifiant le système d'admission à l'École impériale d'application d'état-major.
Id.	22 juill.	2e	26	Note relative aux conditions d'admission à l'École d'état-major.
1862	25 juin.	1er	582	*Idem.*
1863	11 juin.	1er	269	*Idem.*
1864	12 mai.	1er	249	*Idem.*
1865	22 juin.	1er	563	*Idem.*
1866	20 avril.	1er	149	*Idem.*
1868	5 juin.	1er	714	*Idem.*
Id.	2 déc.	2e	277	Décision ministérielle concernant les emplois d'écuyer et d'instructeur dans les Écoles d'état-major et de Saint-Cyr.
1869	19 juill.	2e	5	Rapport à l'Empereur sur les modifications à apporter à l'organisation du corps d'état-major.
Id.	19 juill.	2e	12	Décret impérial qui modifie l'organisation du corps d'état-major. — Les dispositions de ce décret n'ont jamais reçu qu'un commencement d'exécution. (Par le mode d'admission à l'École, de la promotion entrée le 1er janvier 1870.)

Année.	Mois.	Semestre.	Page.	

Année.	Mois.	Semestre.	Page.

Année.	Mois.	Semestre.	Page.	

IMPRIMERIE ET LIBRAIRIE MILITAIRES

J. DUMAINE

LIBRAIRE-ÉDITEUR

Chargé de la Vente des Cartes, Plans et Ouvrages du dépôt général
de la Guerre et du dépôt des Fortifications,

JOURNAL DES SCIENCES MILITAIRES,

30, Rue et Passage Dauphine, 30.

PARIS

EXTRAIT DU CATALOGUE.

Tactique, Stratégie, ETC.

AIDE-MÉMOIRE de l'officier d'état-major, principalement en ce qui concerne le service de campagne, par M. de Rouvre, lieutenant-colonel d'état-major. 3e édit., corrigée et augmentée. Paris, 1868, in-18, avec pl. et figures dans le texte, relié en maroquin. 5 fr.

AIDE-MÉMOIRE (théorie pratique) **du service en campagne** au bivouac et aux avant-postes. Paris, 1869, in-18 avec planches. 1 fr. 25
—Le même relié toile. 1 fr. 50

ARTILLERIE A CHEVAL (l') dans les combats de cavalerie. Opinion d'un officier de l'artillerie prussienne. Traduit de l'allemand par le général baron Ravichio de Perestdorf. Paris, 1840, br. in-8 avec plans. 2 fr.

AVENIR de la cavalerie en campagne. Paris, 1869, broch. in-8o. 1 fr. 50

BLANC (A.), capitaine au 8e de chasseurs à pied. — **Vingt conférences militaires sur la tactique,** extraites des meilleurs auteurs et des cours d'art militaire, suivies de quelques considérations sur les causes de nos revers pendant la dernière guerre. Toulouse. 1871. 1 vol. in-18. 2 fr. 50

CANITZ (le baron de). — Histoire des exploits et des vicissitudes de **la cavalerie prussienne dans les campagnes de Frédéric II.** Traduit de l'allemand;

revue et accompagnée d'observations, par un officier supérieur de cavalerie. 1 vol. in-8, 1849.   3 fr.

CHARLES (le prince). — **Principes de la grande
guerre,** suivis d'exemples tactiques raisonnés de leur
application, à l'usage des généraux de l'armée autri-
chienne. Publication officielle traduite de l'allemand,
par Ed. de La Barre Duparcq, capitaine du génie, professeur d'art militaire à l'École spéciale militaire de
Saint-Cyr. 1 vol. in-folio jésus, avec 25 cartes coloriées
avec le plus grand soin.   80 fr.

CHARLES (S. A. R. le prince Frédéric). — **L'art de
combattre l'armée française.** — Traduit par Wil-
liam Reymond. Nouv. édit., br. in-18.   1 fr.

**CHEMIN DE FER (de l'emploi des) en temps de
guerre.**—(Avantages que procurent en campagne les
chemins de fer et les télégraphes. — Opérations de
guerre relatives aux chemins de fer. — Divisions militaires des chemins de fer. — Reconnaissance des chemins de fer. — Modifications que l'emploi des chemins
de fer apportera dans la conduite des opérations de
guerre). Paris, 1869, 1 vol. in-8 avec planche.   4 fr.

CLAUSEWITZ (le général Charles de).—**De la guerre,**
publication posthume, traduite de l'allemand, par le
major d'artillerie Neuens. Paris, 1852, 3 vol. in-8, en
six parties.   22 fr. 50

DAWIDOFF (Denis), général-major russe. —**Essai sur
la guerre des partisans;** traduit du russe par le
comte Héraclius de Polignac, colonel du 25e léger. Revu
et précédé d'une notice biographique sur l'auteur, par
le général de Brack. Paris, 1841, 1 vol. in-8. 3 fr. 50

DECKER, colonel d'état-major prussien. —**Batailles et
principaux combats de la Guerre de Sept-Ans,**
considérés principalement sous le rapport de l'emploi de
l'artillerie avec les autres armes; traduit de l'allemand
par MM. le général baron Ravichio de Peretsdorf et le
capitaine Simonin; revu, augmenté et accompagné d'observations et d'une notice sur le service de l'artillerie
en campagne, par Lebourg. Paris, 1839-1840, 1 vol.
in-8 avec un atlas in-4 de 19 planches.   15 fr.

DECKER. — De la petite guerre selon l'esprit de la stratégie moderne, traduit de l'allemand par L.-A. Unger. 1843. 1 vol. in-12 avec 8 planches. 4 fr.

DECKER (le colonel prussien). — Les trois armes, ou Tactique divisionnaire. Traduit en français sur la traduction anglaise du major J. Jones, et annoté par A. Demanne, capitaine d'artillerie. Paris, 1851, 1 vol. in-8. 2 fr. 50

DEJEAN (le comte). — Observations sur l'ordonnance, sur l'exercice et les évolutions de la cavalerie, du 6 décembre 1829. Paris, 1839, in-8. 4 fr.

DRUMONT DE MELFORT (le comte). — Traité de cavalerie, propre à conduire l'homme de guerre depuis l'état de simple cavalier jusqu'à celui de général d'armée; orné de 44 estampes, dessinées par les plus habiles maîtres, représentant dans un grand détail les marches et évolutions de cavalerie. Paris, 1776, 1 vol. in-folio et atlas très-grand in-folio. 72 fr.

DUMAS (Floridor), capitaine d'état-major, membre de la commission d'organisation de la télégraphie militaire. — Traité de télégraphie électrique militaire, à l'usage des officiers de toutes armes et des fonctionnaires de l'administration des lignes télégraphiques qui peuvent être appelés à faire partie du service télégraphique civil en campagne. Paris, 1869, 1 vol. in-12 avec tableaux et grand nombre de figures dans le texte. 4 fr.

DU PUY DE PODIO, ingénieur, capitaine. — Etudes militaires sur les chemins de fer. — Examen raisonné de leur rôle dans la stratégie moderne, de leur exploitation et de leur application en campagne et à la défense territoriale. Paris, 1869, in-8 avec 3 pl. 4 fr.

ÉTUDE sur la cavalerie légère. — Formations d'escadrons d'éclaireurs à cheval. — Paris, 1868, 1 vol. in-8 avec 7 planches. 3 fr.

ÉTUDE sur la tactique à propos de la campagne de 1866. — Trad. de l'allemand par M. Furcy Raynaud, capitaine au 90e. Paris, 1869, broch. in-8. 2 fr.

ÉTUDES sur les cavaleries étrangères. — Cavalerie anglaise (1re partie : Equitation militaire. — Ecole du

cavalier à pied.—Ecole de division et d'escadron. 2ᵉ partie : De l'ordre en colonne avec distance. — De l'ordre
en colonne serrée. — De l'ordre en bataille), par un
officier de cavalerie. Paris, 1863, in-8.   3 fr.

FAVÉ (Ild), capitaine d'artillerie. — **Histoire et tactique des trois armes**, et plus particulièrement de
l'artillerie de campagne. Paris, 1845, in-8 avec atlas
in-4 de 48 planches.   20 fr.
Le même avec atlas colorié,   28 fr.

FLAVIEN D'ALDÉGUIER. — **Des principes qui
servent de bases à l'instruction et à la tactique de la cavalerie**; précédés d'une revue historique
des divers systèmes d'instruction et des ordonnances de
cette arme; suivis d'un mémoire sur les remontes ac-
tuelles de la cavalerie, relativement à l'élève des chevaux et à l'agriculture, avec gravures et vignettes sur
bois. Toulouse, 1843, 1 vol. grand in-8 avec portrait. 7 fr.

FOUAN (Ch. de), officier supérieur d'infanterie.—**Aide-
mémoire à l'usage des officiers d'infanterie et
de cavalerie.** Paris, 1845, 1 vol. in-18 avec planches.   4 fr.

GIUSTINIANI (H. de). — **Essai sur la tactique des
trois armes isolées et réunies.** Paris, 1848, 1 vol.
in-8 avec 6 planches.   10 fr.

GRIVET, capitaine adjudant-major au 73ᵉ régiment de
ligne. — **Etudes sur la tactique.** Paris, 1865, 1 vol.
in-8 avec 37 figures sur bois.   4 fr.

HARAMBURE (d').—**Éléments de cavalerie.** 2ᵉ édition, Paris, 1795, brochure in-12.   1 fr. 25

HARAMBURE (Opinion de M. le baron d'), sur
**l'instruction à donner aux troupes à cheval de
la France,** par les officiers attachés en activité à chaque corps, en n'empruntant d'autres secours que ceux
de l'ordonnance; suivie des principes élémentaires sur
l'équitation et l'exécution des principales manœuvres
de l'ordonnance. Paris, 1848, broch. in-8.   1 fr. 50

HARDEG (J. de). — **Science de l'état-major général.** Stuttgart et Paris, 1856, 1 vol. in-12.   6 fr.

HISTOIRE critique des exploits et vicissitudes de la cavalerie pendant les guerres de la révolution et de l'empire jusqu'à l'armistice du 4 juin 1813, d'après l'allemand, par L.-A. Unger. Paris, 1849, 2 vol. in-8.
10 fr.

LA BARRE DUPARCQ (Ed. de), professeur à l'Ecole spéciale militaire. — Commentaires sur le Traité de la guerre de Clausewitz. Paris, 1853, 1 vol. in-8.
5 fr.

LALLEMAND (A.), officier supérieur d'état-major. — Traité théorique et pratique des opérations secondaires de la guerre. Paris, 1824, 2 vol. in-8 et atlas.
48 fr.

Cet excellent ouvrage est divisé en 58 chapitres traitant des détails de la guerre; l'atlas contient 44 plans topographiques coloriés avec sommaires et légendes pour servir à l'intelligence des mouvements, etc., etc.

LA ROCHE-AYMON (général comte de). — Mémoires sur l'art de la guerre, 1857. 5 vol. in-8 avec atlas de 20 planches.
45 fr.

LA ROCHE-AYMON (le comte de). — Manuel du service de la cavalerie légère en campagne. 2e édition. Paris, 1851, in-32.
60 c.

LE MIÈRE DE CORVEY, officier supérieur. — Des partisans et corps irréguliers, ou manière d'employer avec avantage les troupes légères, quelle que soit leur dénomination : Partisans, voltigeurs, compagnies franches, guérillas et généralement toute espèce de corps irréguliers, contre des armées disciplinées, etc. Paris, 1823, 1 vol. in-8 avec lithographie d'Horace Vernet.
6 fr.

LÉTANG (le baron de), général de division. — De la cavalerie française et de la nécessité de lui adjoindre des irréguliers en temps de guerre. Paris, 1842, brochure in-8.
2 fr. 50

MONHAUPT, général de l'artillerie prussienne. — Tactique de l'artillerie à cheval, dans ses rapports avec les grandes masses de cavalerie; traduit de l'allemand par le général baron Ravichio de Peretsdorf. Paris, 1840, 1 vol. in-8 avec 8 planches.
2 fr. 50

MONTARBY (T. de), capitaine inspecteur. — **Mémoire** sur l'instruction de la cavalerie, progrès dont elle est susceptible. Paris, 1853, brochure in-8.
1 fr. 50

MOTTIN DE LA BALME. — Éléments de tactique pour la cavalerie. Paris, 1776, 1 vol. in-8 avec 5 planches et frontispice gravé.
6 fr.

MUSSOT, lieutenant-colonel de cavalerie. — **Tactique militaire.** — Des armes blanches de la cavalerie et particulièrement du sabre de la cavalerie de réserve et de ligne. Paris, 1851, br. in-8.
1 fr. 50

OLMETA (J.), capitaine au 69e de ligne.—**Instruction** pratique pour l'emploi du chemin de fer et de la télégraphie en campagne. Paris, 1872, in-8 avec planches.
1 fr. 50

ORGANISATION (quelques remarques sur l') et l'instruction de la cavalerie légère en France. Paris, 1863, brochure in-8.
2 fr.

RÈGLEMENT sur le service en campagne et sur les grandes manœuvres (armée prussienne). Traduit au 2e bureau de l'état-major général du ministre de la guerre. 2e édition, in-18 avec figures dans le texte et planches.
2 fr. 50

RÈGLEMENT du 4 juillet 1872 pour l'instruction tactique des troupes de cavalerie italienne. Traduit de l'italien par MM. Durostu, chef d'escadron d'état-major et Vollot, capitaine du génie. Paris, 1873, in-18 avec 2 cartes françaises pour les applications du service de reconnaissance avancée à un terrain des environs de Paris.
2 fr. 50

RÉPONSE à quelques critiques d'un mémoire du général l'Étang intitulé : De la cavalerie française, etc. Paris, 1842, broch. in-8 de 16 pages. 1 fr.

RICHEPANCE (le baron), général de division, commandeur de la Légion d'honneur, etc. — **Cavalerie.** — **Evolutions de brigade.** — OEuvre posthume. Paris, 1864, in-f° de 53 planches coloriées, avec légendes et table.
42 fr.

ROCHEFORT (comte de), général de division. — **Idées pratiques sur la cavalerie**, avec planches et tableaux explicatifs. — Saumur, 1865, 1 vol. in-8 avec figures, planches et portrait. 6 fr.

RENARD (le général). — **De la cavalerie.** — Réflexions sur les idées émises au sujet de la diminution et de la transformation de cette arme Bruxelles et Paris, 1864, in-8. 3 fr.

RUSTOW (W.). — **La petite guerre.** (Introduction. — Service de sûreté et de reconnaissances — De la petite guerre indépendante sur un théâtre secondaire. — La guerre des partisans.) — Traduit de l'allemand, avec l'autorisation de l'auteur, par Savin de Larclause, lieutenant-colonel au 1er lanciers. Paris, 1869, 1 vol. in-8. 5 fr.

RUSTOW (W.), colonel dans l'armée fédérale suisse. — **Tactique générale** avec des exemples à l'appui. Traduit de l'allemand sur la deuxième édition avec l'autorisation de l'auteur, par Savin de Larclause, colonel du 14e dragons. Paris, 1872, fort vol. in-8 avec 12 planches. 10 fr.

RUSTOW (W.). — **L'art militaire au dix-neuvième siècle.** — Stratégie, histoire militaire (1792-1815 — 1845-1867), traduit de l'allemand sur la 2e édition (1867), par Savin de Larclause, lieutenant-colonel. Paris, 1869, 2 forts vol. in-8 avec planches. 15 fr.

SAVARY DE LANCOSME-BRÈVES (le comte), ancien officier de cavalerie. — **Théorie de la centaurisation**, pour arriver promptement à l'exécution des mouvements de l'ordonnance. 2e édit., Paris, 1863, in-18. 1 fr. 25

SAVOYE (Charles de), colonel du 2e régiment de ligne belge, officier de la Légion d'honneur, etc., etc., — **Règlement sur le service des armées en campagne**, annoté, d'après les meilleurs auteurs qui ont écrit sur l'art militaire. Ouvrage approuvé par le comité d'état-major de France, 3e édition entièrement révisée en 1873. Paris, 1873, fort vol. grand in-8 avec figures. 10 fr.

—Franco par la poste. 11 fr. 25

SCHAUENBURG (le baron de), colonel de cavalerie. — De l'emploi de la cavalerie à la guerre. Paris, 1838, 1 vol. in-8 avec atlas in-4 de 64 planches. 15 fr.

THOMAS (G. Max), capitaine de cavalerie. — **La cavalerie combinée avec les autres armes** sous l'influence du nouvel armement. Paris, 1870, broch. in-8 avec nombreuses figures. 1 fr. 50

VERDY DU VERNOIS, lieutenant-colonel à la suite de l'état-major de l'armée prussienne, etc. — **Etudes sur l'art de conduire les troupes.** — 1re *section*, traduit de l'allemand. Bruxelles, 1871, in-18 avec 4 planches. 2 fr.
—2e *section*, traduit de l'allemand par A. Masson, capitaine d'état-major. Bruxelles, 1872, in-18 avec un plan de bataille. 2 fr. 50

YUSUF (le général). — **De la guerre en Afrique.** 2 édit. Paris, 1851, 1 vol. gr. in-8. 3 fr.

Ce livre renferme d'excellentes notions et principes de guerre, il est utile à consulter; les campagnes récentes de l'Algérie en ont prouvé l'utilité et l'à-propos.

9 782019 982355